基金项目：
1. 2023年度江苏高校哲学社会科学研究一般项目：江苏智能制造产业集群技术创新系统的高质量发展研究（项目批准号：2023SJYB1475）
2. 2022年苏州城市学院国家级项目预研课题项目：中国制造业集群技术创新系统的高质量发展研究（项目编号：2022SGY004）
3. 苏州城市学院工商管理重点学科研究成果
4. 苏州城市学院未来产业研究院研究成果
5. 苏州城市学院文正智库研究成果

我国未来产业高质量发展
路径、策略与实践探索

尹 楠 著

东南大学出版社
SOUTHEAST UNIVERSITY PRESS

·南京·

图书在版编目（CIP）数据

我国未来产业高质量发展：路径、策略与实践探索 / 尹楠著. -- 南京：东南大学出版社，2024.12.
ISBN 978-7-5766-1699-6

Ⅰ．F269.2

中国国家版本馆 CIP 数据核字第 2024K768Z4 号

我国未来产业高质量发展：路径、策略与实践探索
Woguo Weilai Chanye Gaozhiliang Fazhan: Lujing、Celüe Yu Shijian Tansuo

著　　者	尹　楠
出版发行	东南大学出版社
社　　址	南京市四牌楼 2 号（邮编：210096　电话：025 - 83793330）
出 版 人	白云飞
网　　址	http://www.seupress.com
策划编辑	孙松茜
责任编辑	孙松茜
责任校对	张万莹
封面设计	王　玥
责任印制	周荣虎
经　　销	全国各地新华书店
印　　刷	广东虎彩云印刷有限公司
开　　本	700mm×1000mm　1/16
印　　张	11.25
字　　数	227 千字
版　　次	2024 年 12 月第 1 版
印　　次	2024 年 12 月第 1 次印刷
书　　号	ISBN 978 - 7 - 5766 - 1699 - 6
定　　价	88.00 元

（本社图书若有印装质量问题，请直接与营销部联系。电话：025 - 83791830）

前言

在当今全球科技革命和产业变革的浪潮中,未来产业作为引领经济社会发展的新引擎,正日益成为各国竞相布局和争夺的战略高地。未来产业不仅代表着新兴技术和创新模式的深度融合,更预示着产业发展方向、生产方式以及经济社会结构的深刻变革。因此,深入探讨我国未来产业高质量发展的内涵、特征、路径以及策略构建,对于推动我国产业转型升级、实现经济高质量发展具有重要意义。

本书旨在系统梳理未来产业的产生背景、定义与特征,明确其在全球产业体系中的定位和发展趋势。在此基础上,本书重点分析我国未来产业高质量发展的内涵与要求以及当前我国未来产业的发展现状与挑战,力求准确把握我国未来产业发展的阶段性特征和面临的主要问题。

针对我国未来产业高质量发展的路径选择和策略构建,本书进行了深入研究和探讨。通过理论分析与实证研究相结合的方法,本书提出了推动我国未来产业高质量发展的具体路径和策略建议,旨在为我国政府、企业和社会各界提供有益的参考和借鉴。

在实践探索部分,本书选取了数字孪生与元宇宙驱动的虚实融合制造、智能化改造和数字化转型背景下的江苏先进制造业集群打造以及浙江类脑智能产业发展等典型案例进行深入剖析,以期为我国未来产业的高质量发展提供可复制、可推广的经验和模式。

最后,本书对我国未来产业高质量发展的保障措施和政策建议进行了系统阐述,并对未来研究方向进行了展望。希望通过本书的研究和探讨,能够为我国未来产业的高质量发展贡献一份力量,推动我国经济实现更高质量、更有效率、更加公平、更可持续的发展。

作者
2024 年 8 月

目录

第一章 未来产业概述 ··· 1
 第一节 未来产业的产生背景 ·· 3
 第二节 未来产业的定义与特征 ·· 19

第二章 我国未来产业高质量发展的内涵与特征 ·· 27
 第一节 我国未来产业高质量发展的内涵与要求 ····································· 29
 第二节 我国未来产业高质量发展的特征 ·· 35

第三章 我国未来产业的发展现状与挑战 ·· 39
 第一节 我国未来产业的发展历程与现状 ·· 41
 第二节 我国未来产业发展面临的挑战与机遇 ··· 49

第四章 我国未来产业高质量发展的路径选择 ··· 57
 第一节 我国未来产业高质量发展的重要性 ··· 59
 第二节 我国未来产业高质量发展的路径选择 ··· 62

第五章 我国未来产业高质量发展的策略构建 ··· 69

第六章 我国未来产业高质量发展的实践探索 ··· 77
 第一节 数字孪生与元宇宙驱动的虚实融合制造赋能制造业高质量发展
   研究 ·· 79
 第二节 智能化改造和数字化转型背景下江苏打造先进制造业集群的路
   径研究 ·· 98
 第三节 我国未来产业高质量发展的实践探索:以浙江类脑智能产业为例
   ·· 111

第七章　我国未来产业高质量发展的保障措施 …………………………… 121

第八章　我国未来产业高质量发展的政策建议与研究展望 …………… 141
　　第一节　我国未来产业高质量发展的政策建议 ……………………… 143
　　第二节　研究展望 ……………………………………………………… 150

参考文献 …………………………………………………………………… 155
附录1　《关于推动未来产业创新发展的实施意见》解读 ……………… 159
附录2　部分省市关于"未来产业"政策出台情况 ……………………… 162
附录3　我国8大新兴产业＋9大未来产业发展分析 …………………… 167

第一章

未来产业概述

第一节 未来产业的产生背景

未来产业的兴起,是全球化、信息化、智能化等多重因素交织作用的结果。在全球化的背景下,资源、技术、市场等要素跨国界流动与配置,为产业创新提供了广阔的空间。信息化的发展,特别是互联网、大数据、云计算等技术的广泛应用,极大地提升了信息处理和传播的效率,为产业的数字化转型奠定了基础。而智能化的浪潮,则是以人工智能、机器学习等为代表的新一轮科技革命,它正在深刻改变着生产方式、生活模式乃至社会结构,为未来产业的发展开辟了全新的道路①。未来产业的产生背景是多方面因素共同作用的结果,本书将从科技创新的推动、市场需求的升级、政策的引导与扶持、全球趋势的影响和社会文化变迁的促进等角度进行描述。

一、科技创新的推动

未来产业的兴起,其根本动力源自科技创新的深刻推动。这一进程不仅重塑了全球经济格局,也深刻影响了社会生产方式和人类生活方式。以下将从科技创新的多个维度,详细论述未来产业产生的背景。

(一)科技革命与新兴技术的涌现

1. 信息技术的飞速发展

信息技术的飞速发展是未来产业产生的核心驱动力之一。随着互联网、大数据、云计算、人工智能等技术的不断突破,信息处理能力呈指数级增长,极大地提升了数据处理和传输的效率。这些技术不仅改变了传统产业的运营模式,还为新兴产业的诞生提供了坚实的技术基础。例如,人工智能技术的广泛应用推动了智

---

① 徐凌验,胡拥军.全球三大重大前沿技术发展趋势及未来产业前瞻布局展望[J].中国物价,2024(6):96-100.

能制造、智能医疗、智能交通等领域的快速发展,这些领域正逐步成为未来产业的重要组成部分。

2. 生物技术的革新

生物技术的革新同样对未来产业的产生起到了至关重要的作用。基因编辑、合成生物学、再生医学等领域的突破,不仅为医疗健康产业带来了革命性的变化,也为农业、环保等产业提供了新的发展路径。生物技术的广泛应用,使得未来产业在提升人类生活质量、延长人类寿命等方面展现出巨大潜力。这些技术的突破,不仅推动了新兴产业的诞生,也为传统产业的转型升级提供了有力支持。

3. 新材料与新能源技术的突破

新材料与新能源技术的突破也是未来产业产生的重要背景之一。新材料技术的不断发展,为制造业、航空航天、电子信息等领域提供了更加先进、高效的材料解决方案。而新能源技术的突破,如太阳能、风能、核能等清洁能源技术的发展,不仅有助于缓解能源危机,还为未来产业提供了绿色、低碳的发展路径。这些技术的广泛应用,推动了新能源产业、节能环保产业等新兴产业的快速发展。

(二)科技创新对产业链的重塑

1. 产业链条的延伸与融合

科技创新不仅推动了新兴技术的涌现,还对传统产业链条进行了深刻重塑。随着信息技术的广泛应用,产业链条的延伸与融合成为必然趋势。一方面,新兴技术的引入使得产业链条更加复杂多样,涵盖了研发、设计、生产、销售等多个环节;另一方面,信息技术的整合作用使得产业链条各环节之间的联系更加紧密,实现了资源的高效配置和信息的快速传递。这种变化不仅提升了产业链条的整体效率,也为未来产业的产生提供了更加广阔的发展空间。

2. 产业链条的升级与转型

科技创新还推动了产业链条的升级与转型。随着新技术的不断涌现和应用,传统产业面临着巨大的竞争压力和挑战。为了保持竞争优势,传统产业必须不断引入新技术、新设备和新工艺,实现生产方式的转型升级。这种转型升级不仅提升了传统产业的竞争力,也为未来产业的产生提供了有力支持。例如,智能制造技术的引入推动了制造业向智能化、数字化方向发展，催生了一批智能制造企业和相关产业链条的诞生。

（三）科技创新对市场需求的影响

1. 市场需求的变化与升级

科技创新不仅改变了生产方式，还深刻影响了市场需求的变化与升级。随着人们生活水平的提高和消费观念的转变，市场对产品和服务的需求不断升级。消费者对于个性化、智能化、环保等属性的追求促使企业不断创新开发出符合市场需求的新产品和服务。这种市场需求的变化不仅推动了新兴产业的诞生和发展壮大，也为未来产业的产生提供了广阔的市场空间和发展机遇。

2. 科技创新与市场需求的互动

科技创新与市场需求之间存在着密切的互动关系。一方面，科技创新不断催生新的产品和服务满足市场需求；另一方面市场需求的变化又不断推动科技创新向更高层次发展。这种互动关系不仅促进了科技与经济的深度融合，也推动了未来产业的快速发展。例如，随着人们对健康生活的追求，生物技术的不断突破推动了生物医药产业的快速发展，满足了市场对健康产品和服务的需求。

（四）科技创新对政策导向的影响

1. 政策导向的转变与支持

随着科技创新的不断发展，政策导向也在逐步转变。为了推动未来产业的产生和发展，各国政府纷纷出台了一系列支持科技创新的政策措施。这些政策措施不仅为科技创新提供了资金、人才等方面的支持，还通过税收优惠、市场准入等优惠政策，鼓励企业加大研发投入，推动产业创新和转型升级。这种政策导向的转变，不仅为未来产业的产生提供了有力支持，也促进了科技创新与产业发展的深度融合。

2. 国际竞争与合作

在全球化的背景下，国际竞争与合作成为未来产业发展的重要驱动力之一。为在未来产业竞争中占据有利地位，各国政府纷纷加大科技创新投入，抢占科技制高点。同时，跨国公司通过在全球范围内配置资源，推动产业链的全球化布局，进一步加速了新兴产业的崛起。这种国际竞争与合作的态势不仅促进了科技创新的快速发展，也为未来产业的诞生提供了广阔的国际市场和发展机遇。

（五）科技创新对未来产业形态的影响

1. 新兴产业的崛起

科技创新的不断突破推动了新兴产业的快速崛起。这些新兴产业不仅具有高技术含量、高附加值和高成长性等特点，还具备强大的市场潜力和发展前景。例如，人工智能、大数据、云计算等技术的广泛应用推动了数字经济、智能制造等新兴产业的快速发展；生物技术的不断突破推动了生物医药、农业生物技术等产业的崛起；新材料与新能源技术的突破则推动了新能源产业、节能环保产业等新兴产业的发展壮大。

2. 产业融合与跨界发展

随着科技创新的不断发展，产业融合与跨界发展成为未来产业的重要特征之一。不同领域之间的技术融合和跨界合作不仅推动了新兴产业的诞生和发展壮大，也为传统产业的转型升级提供了有力支持。例如，信息技术与制造业的融合推动了智能制造的发展；生物技术与农业的融合促进了农业生物技术的进步；新能源技术与传统能源产业的结合则加速了能源产业的绿色化转型。这种产业融合与跨界发展的趋势不仅拓宽了未来产业的发展空间，也提升了产业的整体竞争力和创新能力。

二、市场需求的升级

在当今经济社会快速发展的背景下，市场需求的升级已成为推动产业变革与发展的重要力量。随着居民收入水平的提高和消费观念的转变，消费者的需求层次逐渐提升，从基础需求向高品质需求转变，从单一需求向多元化需求演变，从物质需求向服务需求拓展。这一系列市场需求的变化不仅为企业带来了新的挑战，也为未来产业的催生和发展提供了广阔的空间和机遇。以下将深度解析市场需求升级的总体趋势，探讨其对未来产业的催生力量，并分析市场需求升级对未来产业产生的推动作用。

（一）市场需求升级的总体趋势

1. 从基础需求向高品质需求转变

随着经济社会的快速发展和居民收入水平的提高,消费者的需求层次逐渐提升。传统的基础性、功能性需求已经得到满足,消费者开始追求更高品质的产品和服务。这种需求升级不仅体现在物质层面,如对产品性能、设计、品牌等方面的更高要求,还体现在精神层面,如对个性化、定制化、情感化等非物质属性的追求。这种趋势推动了未来产业向高端化、智能化、绿色化方向发展。

2. 从单一需求向多元化需求演变

在市场需求升级的过程中,单一需求逐渐被多元化需求所取代。消费者不再满足于单一的产品或服务,而是希望获得更加全面、综合的解决方案。这种多元化需求体现在多个方面,如产品的多功能性、服务的全链条覆盖、消费场景的多样化等。为了满足这种多元化需求,未来产业需要不断跨界融合,打破产业边界,形成新的业态和模式。

3. 从物质需求向服务需求拓展

随着生活水平的提高,消费者对服务的需求日益增加。服务消费已成为消费新的增长点,涵盖教育、医疗、文化、旅游等多个领域。这种服务需求的拓展不仅推动了相关产业的发展,也为未来产业提供了新的增长点。未来产业需要更加注重服务创新和服务品质的提升,以满足消费者对高品质服务的需求。

（二）市场需求的升级:未来产业的催生力量

1. 消费者需求的多元化与个性化

随着经济的发展和社会的进步,消费者对产品和服务的需求日益多元化和个性化。传统的标准化、规模化生产方式已难以满足市场的多样化需求。因此,企业需要不断创新,提供更具个性化、差异化的产品和服务,以满足消费者的独特需求。这种市场需求的升级为未来产业的产生提供了广阔的空间。

2. 绿色环保需求的提升

随着环保意识的增强和可持续发展理念的深入人心，消费者对绿色环保产品的需求不断提升。这要求企业在生产过程中注重节能减排、资源循环利用和环境保护，推动绿色生产方式的创新和发展。绿色环保需求的提升为未来产业中的绿色经济、循环经济等领域提供了发展机遇。

3. 智能化与便捷化需求的增长

在信息化、智能化技术的推动下，消费者对产品和服务的智能化、便捷化需求不断增长。智能化技术的应用使得产品和服务更加便捷、高效，提升了消费者的生活品质。这种市场需求的增长为未来产业中的智能制造、智能家居、智慧城市等领域提供了广阔的发展空间。

（三）市场需求升级对未来产业产生的推动作用

1. 推动技术创新与产业升级

市场需求的升级要求企业不断创新，提供满足消费者需求的新产品和服务。这推动了企业在技术研发、产品创新等方面的投入，促进了技术创新和产业升级。未来产业的产生往往伴随着重大的技术创新和产业升级，如新能源、新材料、生物科技等领域的突破，都是市场需求升级推动的结果。

2. 催生新兴业态与商业模式

市场需求的升级不仅推动了产品和服务的创新，还催生了新兴业态和商业模式的出现。例如，共享经济的兴起就是市场需求升级的结果。消费者对便捷、高效的服务需求推动了共享单车、共享汽车等新兴业态的发展。这些新兴业态和商业模式为未来产业的产生提供了重要的支撑。

3. 促进产业链的优化与重构

市场需求的升级要求产业链上下游企业紧密合作，共同满足消费者的需求。这促进了产业链的优化与重构，使得产业链更加高效、协同。未来产业的产生往往伴随着产业链的优化与升级，如智能制造产业的发展就推动了产业链上下游企业的数字化转型和智能化升级。

4. 引领经济社会发展的新方向

市场需求的升级是推动经济社会发展的重要力量。未来产业的产生和发展往往引领着经济社会发展的新方向。例如,新能源产业的兴起就推动了全球能源结构的转型和低碳经济的发展。未来产业通过满足市场需求、推动技术创新和产业升级等方式,引领着经济社会向更加绿色、智能、可持续的方向发展。

三、政策的引导与扶持

未来产业的兴起与发展,离不开政策的引导与扶持。在全球经济格局不断演变、科技革命加速推进的背景下,各国政府纷纷出台一系列政策措施,旨在培育新兴产业、推动传统产业转型升级,从而抢占未来经济发展的制高点。以下将从政策制定的前瞻性与战略性、政策实施的高效性与协同性、资源配置的优化与倾斜、国际合作的拓展与深化、政策效果的评估与反馈等多个维度,详细论述政策在未来产业产生过程中的引导与扶持作用。

(一)政策制定的前瞻性与战略性

1. 前瞻性布局

未来产业的产生往往伴随着技术的不确定性和市场的高风险性,因此,政策的制定需要具备前瞻性。政府通过深入分析全球科技发展趋势、准确把握产业变革方向,提前布局未来产业,为新兴产业的培育和发展提供方向指引。例如,各国政府纷纷将人工智能、量子信息、生物科技、新能源等领域作为未来产业发展的重点方向,通过制定专项规划、行动计划等方式,明确发展目标、路径和措施。

2. 战略性规划

未来产业的发展不仅关乎经济增长,更关乎国家竞争力的提升。因此,政策的制定还需要具备战略性。政府将未来产业的发展纳入国家发展战略全局,通过制定长期规划、中期计划和短期实施方案,确保政策措施的连续性和稳定性。同时,政府还要注重发挥政策的引导作用,通过财政资金、税收优惠、金融支持等手段,鼓励社会资本投入未来产业领域,形成政府引导、市场主导、社会参与的多元化投入机制。

（二）政策实施的高效性与协同性

1. 高效执行机制

政策的实施需要高效执行机制作为保障。政府通过建立跨部门协调机制、完善政策执行流程、加强政策监督评估等方式，确保政策措施得到有效落实。例如，针对未来产业发展中的关键技术突破、产业链构建、市场拓展等关键环节，政府可以成立专项工作组或协调委员会，负责统筹协调相关部门的工作，推动政策措施的协同推进。

2. 协同推进体系

未来产业的发展涉及多个领域和环节，需要政府、企业、高校、科研机构等多方主体共同参与。政府通过构建协同推进体系，加强各方主体之间的合作与交流，形成合力推动未来产业的发展。例如，政府可以推动产学研用深度融合，鼓励企业加大研发投入、高校和科研机构加强基础研究和应用研究、金融机构提供融资支持等，共同推动未来产业的技术创新和市场拓展。

（三）资源配置的优化与倾斜

1. 财政资金支持

财政资金是未来产业发展初期的重要资金来源。政府通过设立专项基金、提供研发补助、奖励创新成果等方式，加大对未来产业的财政资金支持力度。这些资金不仅用于支持关键技术的研发和创新成果的转化应用，还用于支持产业链上下游企业的协同发展，促进未来产业生态的形成和完善。

2. 金融政策支持

除了财政资金外，金融政策也是未来产业发展的重要支撑。政府通过完善金融政策体系，鼓励金融机构加大对未来产业的支持力度。例如，政府可以引导风险投资机构、私募股权基金等社会资本投入未来产业领域，为创新型企业提供融资支持；同时，政府还可以推动多层次资本市场的建设，为未来产业企业提供上市融资、债券发行等多元化融资渠道。

3. 人才资源配置

人才是未来产业发展的核心资源。政府通过制定人才政策,吸引和培养未来产业发展所需的高层次人才。例如,政府可以加大对海外高层次人才的引进力度,为他们提供优厚的待遇和良好的工作环境;同时,政府还可以加强国内人才培养体系建设,通过设立专项奖学金、支持高校和科研机构开展人才培养项目等方式,为未来产业的发展储备更多高素质人才。

(四)国际合作的拓展与深化

1. 国际科技合作

未来产业的发展离不开国际科技合作的支持。政府通过加强与国际组织、外国政府、科研机构和企业之间的合作与交流,共同推动未来产业关键技术的研发和创新成果的转化应用。例如,政府可以参与国际科技合作项目、举办国际科技论坛和展览等活动,促进国际科技资源的共享和互补;同时,政府还可以鼓励国内企业加强与外国企业的合作与交流,共同开拓国际市场、提升国际竞争力。

2. 国际标准制定

未来产业的发展需要制定国际标准来规范产业发展和市场行为。政府通过积极参与国际标准制定工作,提升我国在未来产业领域的国际话语权和影响力。例如,政府可以推动国内企业加强与国际标准化组织的合作与交流,共同制定未来产业领域的国际标准;同时,政府还可以加强与国际知识产权组织的合作与交流,保护我国企业在未来产业领域的创新成果和知识产权权益。

(五)政策效果的评估与反馈

1. 政策效果评估机制

为了确保政策措施的有效性和针对性,政府需要建立政策效果评估机制。通过对政策措施的实施效果进行全面、客观、科学的评估和分析,政府可以及时发现政策措施存在的问题和不足之处,并采取相应的措施进行调整和优化。例如,政府可以定期对未来产业发展情况进行统计和分析,评估政策措施对产业发展的影响和作用;同时,政府还可以邀请专家学者和第三方机构对政策措施进行评估和反馈,为政策制定提供更加全面和准确的信息支持。

2. 政策反馈与调整机制

政策反馈与调整机制是确保政策措施持续优化和完善的重要保障。政府通过建立政策反馈渠道和机制,及时收集企业和社会各界的意见和建议,对政策措施进行动态调整和优化。例如,政府可以设立政策咨询热线、在线服务平台等渠道,方便企业和社会各界反映问题和提出建议;同时,政府还可以定期组织政策研讨会和座谈会等活动,邀请专家学者和企业代表共同讨论政策措施的改进和完善方向。

四、全球趋势的影响

未来产业作为新一轮科技革命和产业变革的先锋,正逐步成为全球经济发展的新引擎。其产生背景深刻植根于全球科技、经济、社会及环境的多重变革之中。以下旨在从学术角度探讨全球趋势对未来产业发展的影响,内容涉及全球科技创新的加速推进、全球产业结构的深刻变革、全球政策导向的积极引领、全球市场需求的持续增长以及全球可持续发展的迫切要求等多个维度。

(一)全球科技创新的加速推进

1. 技术革命的浪潮

新一轮科技革命以信息技术为核心,融合了生物技术、新材料技术、新能源技术等众多前沿领域,呈现出群体突破、交叉融合的特点。信息技术从互联网、移动互联网向物联网、大数据、云计算、人工智能等方向深化发展,不仅极大地提升了信息处理能力,还促进了生产方式、商业模式和社会治理模式的深刻变革。例如,人工智能技术的快速发展,正在推动制造业向智能化、服务化转型,催生出一系列新兴产业形态。

2. 前沿技术的不断涌现

量子计算、生物基因编辑(如 CRISPR-Cas9)、纳米技术等前沿技术的突破,为未来产业提供了强大的技术支撑。这些技术不仅具有颠覆性,还能够在多个领域引发连锁反应,推动传统产业的转型升级和新产业的诞生。例如,量子计算有望在未来解决大规模数据处理和复杂系统模拟等难题,为材料科学、药物研发等领域带来革命性变化。

3. 学科交叉与融合

随着科学研究的深入,学科交叉与融合成为推动科技创新的重要趋势。信息科学、生命科学、材料科学、环境科学等领域的交叉融合,不仅促进了基础科学的突破,也为技术创新提供了广阔的空间。例如,生物技术与信息技术的融合,推动了精准医疗、合成生物学等新兴产业的发展;材料科学与信息技术的结合,则催生了柔性电子、可穿戴设备等新兴领域。

(二)全球产业结构的深刻变革

1. 传统产业的转型升级

在全球科技革命的推动下,传统产业正面临前所未有的转型升级压力。一方面,新技术、新工艺的应用提升了传统产业的生产效率和产品质量;另一方面,新兴产业的崛起对传统产业的市场空间和竞争格局构成了挑战。例如,智能制造技术的应用推动了制造业向智能化、网络化、服务化方向发展;而新能源汽车的兴起则对传统汽车行业产生了深远影响。

2. 新兴产业的崛起

新兴产业的崛起是未来产业发展的重要标志。这些产业通常依托前沿技术,具有高增长性、高附加值和高带动性等特点。例如,人工智能、量子信息、生物技术、新能源等领域正逐步成为未来产业的核心组成部分。这些产业的快速发展不仅推动了经济增长方式的转变,还促进了产业结构的优化升级。

3. 产业生态的重构

随着新兴产业的崛起和传统产业的转型升级,全球产业生态正在发生深刻变化。一方面,产业链、供应链、创新链的深度融合促进了产业生态的协同发展;另一方面,跨界融合成为产业生态重构的重要趋势。不同产业之间的边界日益模糊,通过跨界合作和资源整合实现优势互补和资源共享成为产业发展的新路径。

（三）全球政策导向的积极引领

1. 国家战略的布局

各国政府纷纷将未来产业纳入国家战略布局之中,通过制定相关政策规划、加大研发投入、优化营商环境等措施推动未来产业的发展。例如,美国、欧盟、日本等发达国家和地区纷纷出台了一系列旨在促进人工智能、量子信息、生物技术等前沿技术发展的政策措施;我国也在"十四五"规划中明确提出要加快布局未来产业,推动战略性新兴产业融合集群发展。

2. 国际合作的加强

面对全球科技竞争的新态势,各国政府和企业更加注重加强国际合作,共同推动未来产业的发展。通过共建研发平台、开展联合攻关、分享科研成果等方式实现优势互补和资源共享。例如,在人工智能领域,中美两国在科研合作、人才培养等方面保持着密切联系;在量子信息领域,欧盟各国则通过共同研发项目推动量子技术的突破和应用。

3. 政策环境的优化

为了促进未来产业的发展,各国政府不断优化政策环境,提供更加灵活多样的支持措施。例如,通过提供税收优惠、财政补贴、风险投资等方式降低企业创新成本;通过完善知识产权保护制度、加强市场监管等方式保障企业合法权益;通过建设创新基础设施、培育创新人才等方式提升产业创新能力。

（四）全球市场需求的持续增长

1. 消费升级的驱动

随着全球经济的发展和居民收入水平的提高,消费者对高品质、个性化产品和服务的需求不断增加。这种消费升级的趋势为未来产业的发展提供了广阔的市场空间。例如,在医疗健康领域,随着人口老龄化和健康意识的提升,智能医疗设备、健康管理平台等新产品和服务受到广泛关注;在电子商务领域,随着消费者购物习惯的改变和线上消费市场的不断扩大,跨境电商、直播带货等新模式新业态蓬勃发展。

2. 新兴市场的崛起

新兴市场国家经济的快速发展为全球未来产业提供了新的增长点。这些国家不仅拥有庞大的市场需求潜力，还具备丰富的资源和劳动力优势。通过加强国际合作和技术转移等方式推动未来产业在新兴市场国家落地生根，不仅有助于拓展市场空间，还能够促进全球经济的均衡发展。

3. 可持续发展的需求

在全球气候变化和环境保护意识增强的背景下，绿色、低碳、环保成为未来产业发展的重要方向。各国政府和企业纷纷加大在清洁能源、绿色交通、绿色建筑等领域的投入力度，推动产业向绿色化、低碳化方向发展。这种可持续发展的需求不仅为未来产业提供了新的增长点，还有助于实现全球经济的可持续发展目标。

（五）全球可持续发展的迫切要求

1. 应对气候变化的挑战

气候变化是全球面临的重大挑战之一，对经济社会发展产生了深远影响。为了应对这一挑战，各国政府和企业纷纷加大在清洁能源、节能减排等领域的投入力度，推动产业向绿色化、低碳化方向发展。未来产业作为新兴产业的重要组成部分，将在应对气候变化方面发挥重要作用。例如，通过发展新能源技术、推广节能产品等方式降低碳排放强度；通过研发环保材料、推广绿色建筑等方式减少资源消耗和环境污染。

2. 实现可持续发展的目标

可持续发展是全球共同追求的目标之一，要求在经济、社会和环境三个方面实现协调发展。未来产业的发展将有助于推动全球可持续发展的实现。一方面，通过技术创新和产业升级提升经济增长质量和效益；另一方面，通过推动绿色低碳发展降低环境压力和资源消耗；同时，通过加强社会建设和社会治理提升人民福祉和社会和谐度。

3. 推动全球治理体系的变革

未来产业的发展将对全球治理体系产生深远影响。一方面，随着新兴产业的崛起和传统产业的转型升级,全球产业格局将发生深刻变化,推动全球治理体系的重构和变革;另一方面,随着科技创新的加速推进和全球化的深入发展,全球治理体系将面临更多的挑战和机遇。未来产业的发展将有助于推动全球治理体系的变革和完善,促进全球经济的共同繁荣和发展。

五、社会文化变迁的促进

未来产业的产生与发展,不仅受到科技进步和全球经济格局变化的深刻影响,更与社会文化的变迁紧密相连。社会文化作为人类活动的精神内核,其演变趋势直接影响着人们对生产、生活方式的需求与期待,进而为未来产业的孕育与成长提供了肥沃的土壤。以下将从学术角度出发探讨社会文化变迁如何促进未来产业的产生与发展,内容涵盖价值观念转变、生活方式的革新、消费模式的升级、教育文化的演进以及社会结构的变化等多个维度。

(一)价值观念的转变:从物质追求到精神满足

1. 物质主义向人本主义的过渡

随着社会经济的发展和居民生活水平的提高,人们的价值观念逐渐从单纯的物质追求向更加注重精神满足和人本关怀的方向转变。这一转变促使未来产业更加关注人的全面发展和社会福祉,推动了健康医疗、教育培训、休闲娱乐等与精神文化需求密切相关的产业快速发展。例如,生物技术和信息技术的融合催生了精准医疗、远程医疗等新兴服务模式,满足了人们对高质量医疗服务的需求;在线教育平台的兴起则打破了传统教育的时空限制,为终身学习提供了便利。

2. 可持续发展意识的增强

面对资源枯竭和环境污染等全球性挑战,可持续发展已成为全球共识。人们开始更加关注环境保护和生态平衡,这一价值观念的转变促使未来产业向绿色低碳、循环经济的方向发展。例如,新能源技术的研发和应用成为未来能源产业的重要方向;绿色建筑和环保材料的推广则促进了建筑业的可持续发展。

（二）生活方式的革新：数字化与智能化的融合

1. 数字化生活的普及

随着互联网、物联网、大数据等技术的广泛应用，人们的生活方式发生了深刻变化。数字化生活成为常态，人们越来越依赖智能设备和在线服务来满足日常需求。这种生活方式的革新为未来产业提供了广阔的发展空间。例如，智能家居产品的普及推动了物联网技术的快速发展；在线购物、移动支付等新兴消费模式的兴起则促进了电子商务和金融科技的繁荣。

2. 智能化的生活体验

人工智能技术的不断进步使得人们的生活体验更加智能化和便捷化。智能家居系统、智能穿戴设备、智能机器人等产品的出现，不仅提高了生活品质，还为人们创造了更加个性化的生活空间。这种智能化的生活体验需求推动了未来产业在智能制造、智能服务等领域的不断创新和发展。

（三）消费模式的升级：从满足基本需求到追求高品质生活

1. 个性化消费的兴起

随着社会文化的多元化和消费者需求的多样化，个性化消费逐渐成为主流趋势。人们不再满足于千篇一律的产品和服务，而是更加追求独特性和差异化。这种消费模式的升级促使未来产业在产品设计、生产制造、市场营销等方面更加注重个性化和定制化服务。例如，3D打印技术的应用使得个性化定制成为可能；大数据分析则帮助企业更准确地把握消费者需求，提供精准营销服务。

2. 绿色消费和共享经济的流行

绿色消费和共享经济的兴起反映了人们对可持续生活方式的追求。绿色消费鼓励人们选择环保、节能的产品和服务；共享经济则通过共享资源、降低浪费的方式实现可持续发展。这两种消费模式的流行促使未来产业在绿色制造、绿色能源、共享经济平台等领域不断探索和创新。

（四）教育文化的演进：创新驱动与终身学习

1. 创新教育的推动

随着社会竞争的加剧和科技创新的加速发展，创新教育成为培养未来人才的关键。教育文化不再局限于知识的传授和技能的训练，而是更加注重培养学生的创新思维和实践能力。这种教育文化的演进促使未来产业在教育培训领域不断创新和发展。例如，在线教育平台的兴起打破了传统教育的时空限制；虚拟现实（VR）、增强现实（AR）等技术的应用则为学生提供了更加沉浸式和互动性的学习体验。

2. 终身学习的倡导

在信息爆炸的时代背景下，终身学习已成为适应社会发展的必然要求。人们需要不断学习和更新知识以适应快速变化的社会环境。这种终身学习的倡导促使未来产业在教育培训领域不断拓展服务范围和提升服务质量。例如，职业教育和继续教育的兴起为成年人提供了多样化的学习机会；微课程、MOOC等新型教育模式则满足了人们碎片化学习的需求。

（五）社会结构的变化：多元化与包容性的增强

1. 社会多元化趋势的加强

随着社会文化的开放和包容性增强，社会结构呈现出多元化的趋势。不同种族、性别、年龄、职业的人群在社会中发挥着各自的作用和价值。这种多元化的社会结构促使未来产业在产品和服务设计上更加注重多样性和包容性。例如，无障碍设计的应用使得残障人士也能享受到科技带来的便利；多元化文化的融合则促进了文化创意产业的繁荣发展。

2. 城乡一体化进程的推进

随着城市化进程的加速和城乡一体化政策的实施，城乡差距逐渐缩小，城乡居民在生活方式、消费需求等方面趋于一致。这种城乡一体化进程的推进促使未来产业在布局和发展上更加注重区域均衡和协调发展。例如，农村电商的兴起为农产品销售提供了新的渠道；智慧城市的建设则推动了物联网、大数据等技术在城市管理中的应用和发展。

第二节　未来产业的定义与特征

在全球经济一体化与信息化浪潮的推动下,传统产业边界日益模糊,新兴技术与商业模式层出不穷,为未来产业的诞生与发展提供了肥沃土壤。未来产业,作为对传统产业模式的超越与创新,不仅代表着新的经济增长点,更是国家竞争力与国际地位的重要体现。因此,明确未来产业的定义,深入探究其特征,对于把握时代脉搏、引领未来发展具有重要意义。

一、未来产业的定义

未来产业是指由重大科技创新推动,代表未来科技和产业发展方向,当前处于萌芽期或产业化初期的产业。这些产业具备显著的战略性、引领性、颠覆性和不确定性,拥有巨大的增长潜能和带动效应,能够拓展新的发展空间,满足经济社会发展的未来需求。未来产业以前沿科技为支撑,通过跨学科、跨领域的交叉融合,不断推动技术迭代和产品创造,最终发展成为支撑区域或国家经济社会发展的主导产业或支柱型产业。自2020年起,党中央、国务院高度重视未来产业的布局与发展。习近平总书记在考察和讲话中多次提及未来产业,强调要前瞻布局战略性新兴产业,培育发展未来产业,如数字经济、生命健康、新材料等[①]。

二、未来产业的特征

未来产业是指那些由重大科技创新所推动,代表着未来科技和产业发展新方向,且在当前时期正处于萌芽阶段或初步产业化阶段的产业。未来产业是以前沿科技为支撑,具有显著战略性、引领性、颠覆性和不确定性,同时拥有巨大增长潜能和带动效应的新兴产业。它们代表着未来经济社会发展的新方向,是推动产业结构优化升级和经济社会高质量发展的关键力量[②]。这些产业通常具备以下几

[①] 谢芬,杜坤伦.未来产业高质量发展的生命周期演化与政策体系构建[J].江海学刊,2024(4):96-103.
[②] 谢科范,陈云,江婷.未来产业:内涵特征、成长模式与发展策略[J].新经济导刊,2022(3):26-30.

个显著特征：

（一）战略性

未来产业往往关乎国家或地区的长期发展战略，对提升整体经济实力和国际竞争力具有重要意义。

（二）引领性

它们代表着新技术、新业态和新模式的前沿，能够引领其他产业的技术进步和转型升级。

（三）颠覆性

未来产业有可能彻底改变现有的产业格局和市场规则，带来革命性的变革。

（四）不确定性

由于技术尚未完全成熟，市场应用也处于探索阶段，因此未来产业的发展路径和市场前景存在一定的不确定性。

（五）增长潜能巨大

尽管当前规模可能较小，但未来产业拥有巨大的增长潜力，有望成为新的经济增长点。

（六）带动效应强

未来产业的发展往往能够带动相关产业链上下游企业的协同发展，形成产业集群效应。

（七）跨学科、跨领域融合

未来产业的创新往往涉及多个学科和领域的交叉融合，需要跨学科的研究团队和合作机制来推动。

第三节　未来产业的分类和发展趋势

一、未来产业的分类

未来产业的分类可以根据不同的标准和角度进行划分，但总体来说，这些产业都是面向未来技术和市场发展需要、具有战略价值和高成长潜力的高科技产业。以下是对未来产业分类的详细描述。

（一）六大方向分类

根据工业和信息化部、教育部、科技部、交通运输部等七部门联合印发的《关于推动未来产业创新发展的实施意见》（工信部联科〔2024〕12号）[①]，未来产业可以重点推进以下六大方向[②]：

1. 未来制造

未来制造包括智能制造、生物制造、纳米制造、激光制造等关键核心技术的发展，以及工业互联网、工业元宇宙等新兴业态的推广。未来制造旨在推动制造业向高端化、智能化、绿色化转型。

2. 未来信息

未来信息聚焦于下一代移动通信、卫星互联网、量子信息等技术的产业化应用，同时加速类脑智能、群体智能、大模型等技术的深度赋能，培育智能产业新生态。

3. 未来材料

未来材料涵盖碳基新材料、先进半导体材料、超导材料、生物医用材料等新型

---

① 参见附录1:《关于推动未来产业创新发展的实施意见》解读。
② 吴娜.我国将围绕六大方向超前布局未来产业[N].北京日报,2024-07-06(004).

材料的研发与应用，这些材料将支撑未来产业的快速发展。

4. 未来能源

未来能源包括核能、氢能、生物质能等清洁能源的开发与利用，以及新型储能技术的研发，旨在构建清洁低碳、安全高效的能源体系。

5. 未来空间

未来空间聚焦于载人航天、探月探火、卫星导航等空间技术的突破与应用，以及临空无人系统、低空利用等新兴业态的发展。

6. 未来健康

未来健康涉及细胞治疗、基因技术、合成生物、生物育种等生物技术的发展，以及脑科学与脑机交互等前沿领域的探索，旨在提升人类健康水平和生活质量。

（二）按产业规模和发展阶段分类

除了上述六大方向分类外，未来产业还可以根据其他标准进行分类，如按产业规模和发展阶段可进行如下分类：

1. 初具规模产业

初具规模产业如合成生物、区块链、细胞与基因、空天技术等，这些产业已经具备一定的市场规模和技术基础，有望在未来5至10年内实现倍数级增长。

2. 潜力产业

潜力产业如脑科学与类脑智能、深地深海、可见光通信与光计算、量子信息等，这些产业虽然目前规模较小，但具有巨大的发展潜力，经过10至15年的培育，有望成为战略性新兴产业的中坚力量。

（三）按技术领域分类

未来产业按技术领域可进行如下分类：

1. 信息技术领域

信息技术领域包括人工智能、量子信息、通信技术、区块链等。

2. 生物技术领域

生物技术领域包括细胞治疗、基因技术、合成生物、生物育种等。

3. 新能源与材料领域

新能源与材料领域包括氢能、核能、高效太阳能电池、新型储能技术、碳基新材料等。

4. 航空航天领域

航空航天领域包括载人航天、探月探火、卫星导航、临空无人系统等。

二、未来产业的发展趋势

未来产业的发展趋势呈现出多元化与融合化的显著特征,技术创新、数字化与智能化、绿色低碳、跨界融合以及国际合作与竞争并存成为其核心驱动力和关键路径。随着新一轮科技革命和产业变革的深入发展,前沿技术不断涌现,为未来产业的发展提供了前所未有的技术支撑和市场机遇[①]。以下将详细阐述这五大发展趋势,以期为未来产业的规划和布局提供有益的参考和借鉴。

(一)技术创新引领产业升级

技术创新是未来产业发展的核心驱动力。随着新一轮科技革命和产业变革的深入发展,前沿技术不断涌现,为未来产业的发展提供了强大的技术支撑。这些技术包括但不限于人工智能、量子信息、生物技术、新材料、新能源等。这些技术的突破和应用将推动未来产业实现跨越式发展,形成新的经济增长点。

在人工智能领域,深度学习、自然语言处理、计算机视觉等技术的不断成熟,将推动智能机器人、自动驾驶、智能家居等应用的普及和商业化。量子信息技术的发展则有望未来实现量子计算、量子通信等颠覆性应用,为信息安全、药物研发等领域带来革命性变化。生物技术的进步将推动基因编辑、合成生物、精准医疗等领域的发展,为医疗健康产业带来新的增长点。新材料和新能源技术的发展

---

① 彭健,滕学强.未来产业发展动向及趋势展望[J].软件和集成电路,2023(4):62-65.

则将推动制造业的绿色转型和能源结构的优化升级。

（二）数字化与智能化深度融合

数字化与智能化的深度融合是未来产业发展的重要趋势。随着大数据、云计算、物联网等技术的广泛应用，数字经济已成为全球经济增长的重要引擎。未来产业将充分利用这些技术手段，实现生产过程的智能化、管理决策的精准化和产品服务的个性化。

在制造业领域，智能制造将成为主流趋势。通过集成应用物联网、大数据、人工智能等技术手段，实现生产设备的互联互通、生产过程的实时监控和智能调度、产品质量的精准控制等目标。在服务业领域，数字化与智能化的融合将推动服务模式的创新和服务效率的提升。例如，基于大数据和人工智能的智能客服系统、智能推荐系统等将为消费者提供更加便捷、高效的服务体验。

（三）绿色低碳成为重要方向

面对全球气候变化的严峻挑战和可持续发展的迫切需求，绿色低碳成为未来产业发展的重要方向。未来产业将积极采用清洁能源、推广节能减排技术、加强资源循环利用等措施，推动经济社会向绿色低碳转型。

在能源领域，太阳能、风能、水能等可再生能源的开发利用将成为主流趋势。通过技术创新和成本降低等手段，提高可再生能源的利用效率和经济效益。在制造业领域，绿色制造将成为重要发展方向。通过采用环保材料、优化生产工艺、加强废弃物回收利用等措施，实现制造过程的绿色化和产品的环保化。在服务业领域，绿色服务将成为新的增长点。例如，基于物联网和大数据的智能能源管理系统、绿色交通出行服务等将为消费者提供更加环保、便捷的服务体验。

（四）跨界融合推动产业创新

跨界融合是未来产业创新的重要途径。随着技术的不断进步和应用场景的不断拓展，不同产业之间的界限日益模糊，跨界融合成为推动产业创新的重要手段。通过跨界融合，不同产业之间的资源、技术、市场等优势得以互补和共享，形成新的产业生态和商业模式。

在制造业与服务业的跨界融合方面,服务型制造成为重要趋势。通过将制造业与服务业深度融合,实现产品设计、生产、销售等全链条的服务化转型。例如,基于物联网和大数据的智能售后服务系统、定制化生产服务等将为消费者提供更加个性化、便捷的服务体验。在信息技术与其他产业的跨界融合方面,数字经济成为新的增长点。通过将信息技术广泛应用于农业、医疗、教育等领域,推动这些领域的数字化转型和智能化升级。

(五)国际合作与竞争并存

未来产业的发展不仅涉及国内市场的竞争与合作,还涉及国际市场的竞争与合作。随着全球化的深入发展,各国之间的经济联系日益紧密,未来产业的国际合作与竞争也将更加激烈。

在国际合作方面,各国将加强在技术研发、标准制定、市场开拓等方面的合作与交流。通过共享资源、共担风险、共享成果等方式推动未来产业的协同发展。例如,在人工智能领域建立国际合作平台、共同研发关键技术等将有助于推动人工智能技术的快速发展和广泛应用。在竞争方面,各国将加大对未来产业的投入和布局力度以争夺技术制高点和市场话语权。通过加强自主创新、优化产业结构、提升产业竞争力等方式增强自身在未来产业领域的竞争优势。

第二章

我国未来产业高质量发展的内涵与特征

第一节　我国未来产业高质量发展的内涵与要求

随着我国经济由高速增长阶段转向高质量发展阶段,未来产业的发展成为推动经济持续健康增长的重要引擎。高质量发展作为我国经济社会发展的核心目标,其内涵和要求在未来产业的发展中得到了深刻体现。未来产业,作为由前沿技术驱动、具有显著战略性、引领性、颠覆性和不确定性的前瞻性新兴产业,其高质量发展不仅是实现经济转型升级的关键,也是全面建设社会主义现代化国家的必然要求。

一、未来产业高质量发展的内涵

在新一轮科技革命和产业变革的推动下,以创新驱动为核心,形成具有全球竞争力的战略性新兴产业和未来产业体系,注重产业的智能化、绿色化、高端化发展,同时促进产业间的协同与融合,实现经济增长从数量扩张向质量提升的根本转变,以满足人民群众日益增长的美好生活需要,构建现代化经济体系,推动经济社会全面可持续发展。在新时代背景下,我国经济已由高速增长阶段转向高质量发展阶段,这一转变不仅是对当前经济形势的深刻回应,也是对未来产业发展路径的战略部署[①]。未来产业的高质量发展,不仅关乎经济增长的数量,更在于经济发展的质量、效益与可持续性。本书将从宏观、产业、企业经营等多个层面,详细阐述我国未来产业高质量发展的内涵。

(一)宏观层面的高质量发展内涵

从宏观层面看,未来产业的高质量发展是经济增长稳定、区域城乡发展均衡、创新驱动、绿色发展以及社会公平的综合体现。

---

① 孙美玉,李雨凌,李雪霖,等."十五五"时期我国未来产业发展形势研判及思路建议[J].软件和集成电路,2024(7):18-22.

1. 经济增长的稳定性

高质量发展首先表现为经济增长的稳定性。在推动经济高质量发展的过程中,保持经济增速的稳定至关重要,避免经济出现大起大落的波动。这种稳定性不仅体现在短期的经济增长率上,更在于长期的经济增长潜力和韧性。未来产业的高质量发展,需要构建更加稳固的经济增长基础,确保经济在面临外部冲击时能够保持平稳运行。

2. 区域城乡发展的均衡性

高质量发展强调在更加宽广的领域上实现协调发展。就区域城乡发展而言,这意味着要促进城乡之间、区域之间的均衡发展,缩小发展差距,实现共同富裕。未来产业的发展布局应考虑区域资源的优化配置,通过产业转移、产业升级等方式,推动欠发达地区和农村地区实现跨越式发展,形成区域协调发展的新格局。

3. 创新驱动发展

创新是引领发展的第一动力,也是未来产业高质量发展的核心要素。高质量发展要求全面深化创新驱动战略,推动大众创业、万众创新,在关键核心技术、领先产业和重大工程等方面取得突破。通过创新,提升产业的核心竞争力,推动经济从规模速度型向质量效率型转变,实现经济结构的优化升级。

4. 绿色发展

绿色发展理念为高质量发展提供了更加丰富、广泛的内涵。未来产业的发展必须坚持绿色发展道路,加强环境保护和生态建设,发展绿色低碳产业,推进生态文明建设和绿色发展。通过绿色技术的研发和应用,降低产业能耗和排放,提高资源利用效率,实现经济发展与环境保护的双赢。

5. 社会公平

高质量发展不仅关注经济维度的增长,还注重社会公平的实现。这意味着在推动经济发展的同时,要关注民生福祉,促进社会公平正义。未来产业的发展应关注以人民为中心的各项制度安排,确保经济发展成果更多更公平地惠及全体人民,通过完善社会保障体系、提高公共服务水平等方式,增强人民的获得感和幸福感。

（二）产业层面的高质量发展内涵

从产业层面看，未来产业的高质量发展表现为产业规模不断壮大、产业结构不断优化、创新驱动转型升级和质量效益不断提升等方面。

1. 产业规模不断壮大

高质量发展意味着产业规模的不断扩大。未来产业的发展需要依托现代农业、先进制造业、现代服务业等产业的不断完善和发展，形成健全的现代产业体系。特别是制造业作为实体经济的主体和技术创新的"主战场"，其产业规模反映了当前制造业发展的基础实力和产业体系的完整程度。因此，未来产业的发展应重视制造业的发展，推动制造业向高端化、智能化、绿色化方向转型升级。

2. 产业结构不断优化

产业实现高质量发展要求产业组织结构日益优化，一二三产业结构合理且不断深化融合发展。未来产业的发展应注重产业结构的调整和优化，推动传统产业转型升级和新兴产业的培育壮大，通过技术创新和模式创新，打破行业壁垒，促进产业间的交叉融合和协同发展，形成新的经济增长点。

3. 创新驱动转型升级

创新是引领产业高质量发展的关键。未来产业的发展需要实施创新驱动发展战略，推动产业从规模速度型向质量效率型转变。通过加强基础研究和关键核心技术的研发力度，掌握更多"卡脖子"技术，增强自主创新能力。同时，鼓励行业龙头企业加强基础研究和关键核心技术的研发力度，健全关键核心技术攻关新型举国体制，加快实现高水平科技自立自强。

4. 质量效益不断提升

质量与效益提升是产业转型的重点。未来产业的发展应以最小的质量成本产出最大的质量效益，并不断提升可持续发展的能力。通过加强质量管理、提高产品质量和服务水平等方式，提升产业的核心竞争力。同时，注重品牌建设和市场开拓，形成具有全球影响力的知名品牌和产业集群。

（三）企业经营层面的高质量发展内涵

从企业经营层面看，未来产业的高质量发展包括具有全球一流竞争力、保持产品质量的可靠性与持续创新、具有品牌的影响力以及拥有先进的质量管理方法和技术基础等方面。

1. 具有全球一流竞争力

具有国际竞争力的世界一流企业应具备国际竞争力、影响力和带动力。竞争力体现在企业能够跨越多个经济周期，在经济效益、风险防范、公司治理、管理水平、人才队伍建设等方面始终保持竞争优势。影响力体现在企业在行业中的地位和话语权，能够引领行业发展和变革。带动力体现在企业能够前瞻性地把握行业趋势，推动产业培育与孵化，促进产业链上下游的协同发展。

2. 保持产品质量的可靠性与持续创新

质量的范畴不仅包括产品质量还应包括服务质量和工程质量。提高产品创新能力是提高企业竞争力和产业竞争力的关键。创新能够提升产品和服务的附加值，降低资源消耗，以更少的生产资料生产出高质量产品。同时创新还能驱动生产率的提高和产品性能的提升促进新科技、新模式、新产品、新业态的出现不断推动产业向价值链的中高端迈进。

3. 具有品牌影响力

品牌影响力是企业高质量发展的重要标志。从品牌价值来看，目前"中国制造"尚未达到"日本制造"或"德国制造"那样的整体影响力。因此，未来产业的发展应努力增加高品质商品和服务供给，在产品细节、做工、创新、性能上多下功夫，力求形成具有全球影响力的知名品牌。

4. 拥有先进的质量管理方法和技术基础

企业层面的质量管理包括先进的质量管理方法、认证与检测、标准与计量等支撑产品质量提升的内容。企业推动高质量发展要大力推广"卓越绩效""六西格玛管理"等先进技术手段和现代质量管理理念及方法，并形成具有中国企业特色的质量管理体系，致力于全面提升质量和效益。

二、未来产业高质量发展的内在要求

在全球经济格局不断重塑与国内经济社会发展步入新阶段的背景下,我国未来产业的高质量发展成为国家战略规划的重要组成部分。高质量发展不仅意味着产业结构的优化升级,更涵盖了技术创新、绿色转型、开放合作等多个维度,是全面推动我国经济社会持续健康发展的关键路径。以下将从技术创新、绿色发展、开放合作、人才培养与制度建设等几个方面,对我国未来产业高质量发展的内在要求进行深度解析。

(一)技术创新:驱动高质量发展的核心引擎

技术创新是未来产业高质量发展的核心驱动力。在全球科技竞争日益激烈的背景下,我国必须加快构建自主可控的创新体系,提升产业链、供应链现代化水平。这要求在关键核心技术领域实现突破,如人工智能、量子信息、集成电路、生命健康、脑科学、生物育种、空天科技、深地深海等前沿领域,通过加大研发投入、优化创新生态、强化企业创新主体地位等措施,推动科技成果的高效转化与应用。同时,数字经济的蓬勃发展为未来产业的高质量发展提供了新的机遇。需要加速数字化、网络化、智能化技术在各行业的深度融合,推动制造业、服务业等传统产业转型升级,催生新产业、新业态、新模式,形成数字经济与实体经济深度融合的新格局。

(二)绿色发展:实现高质量发展的必由之路

绿色发展是未来产业高质量发展的内在要求。面对全球气候变化和生态环境保护的紧迫任务,我国产业必须走绿色低碳循环发展的道路。这要求全面推进节能降碳,大力发展循环经济,推广清洁能源和环保技术,构建绿色制造体系和绿色低碳供应链。同时,还需要加强生态环境保护和治理,推动经济社会发展全面绿色转型。通过实施碳达峰碳中和行动,完善绿色金融体系,强化环境监管和治理,确保产业发展与环境保护相协调,实现经济效益与生态效益的双赢。

（三）开放合作：拓展高质量发展的国际空间

开放合作是未来产业高质量发展的外部条件。在全球经济一体化的趋势下，我国需要积极参与国际经济合作与竞争，推动贸易和投资自由化、便利化。通过深化"一带一路"建设、扩大高水平对外开放、加强国际产能合作等措施，可以拓展产业发展的国际空间，吸引更多国际资源参与我国产业发展。同时，还需要积极参与全球经济治理体系改革和建设，推动构建更加公正合理的国际经济秩序。通过加强多边贸易体制和区域经济合作机制的建设，可以为维护全球产业链供应链稳定、促进世界经济复苏贡献力量。

（四）人才培养：支撑高质量发展的关键要素

人才是未来产业高质量发展的核心资源。面对新技术革命和产业变革的挑战，我国需要加快培养一批具有国际竞争力的创新型、复合型、应用型人才。这要求改革教育体系和人才培养模式，加强职业教育和技能培训，提高劳动者的素质和技能水平。同时，还需要营造良好的人才发展环境，吸引和留住国内外优秀人才。通过完善人才政策体系、优化人才服务保障、加强人才国际交流等措施，可以为产业发展提供强有力的人才支撑。

（五）制度建设：保障高质量发展的坚实基础

制度建设是未来产业高质量发展的根本保障。需要深化市场化改革，完善产权保护、市场准入、公平竞争等市场经济基础性制度。通过优化营商环境、降低企业经营成本、提高政府服务效率等措施，可以激发市场活力和社会创造力。同时，还需要加强法治建设和社会信用体系建设，为产业发展提供良好的法治环境和信用环境。通过完善法律法规体系、加强执法力度、提高司法公信力等措施，可以维护市场秩序和公平竞争，保障产业发展的合法权益。

第二节　我国未来产业高质量发展的特征

未来产业的高质量发展,作为推动我国经济社会持续进步的关键动力,其核心在于依托科技创新、引领市场需求、创造新动力、拓展发展空间,并伴随着一系列深刻的经济社会变革。我国未来产业高质量发展的特征,是基于当前国内外经济环境、科技进步趋势以及国家发展战略的综合体现。以下将从多个维度阐述我国未来产业高质量发展的特征。

一、创新驱动为根本动力

(一)颠覆性技术的突破与产业化

未来产业的快速发展首要特征是基于颠覆性技术的突破和产业化。这些技术包括但不限于人工智能、量子信息科学、先进制造、生物技术及先进通信网络等前沿领域。这些技术不仅具有高度的原创性和前沿性,还具备系统性、融合性的特点,能够引发产业体系的深刻变革。例如,人工智能技术的广泛应用正深刻改变着制造业、服务业等多个行业的生产组织方式和商业模式,推动产业向智能化、网络化方向转型。

(二)跨学科、跨组织创新

未来产业的创新活动不仅仅是单一学科或组织内部的孤立行为,而是材料革命、基础设施更新、通用技术迭代和生产组织方式再造等多方面的互促共融。这种跨学科、跨组织的创新模式,能够集中体现科技的群体性突破,推动产业链上下游的协同创新,形成强大的创新生态系统。

二、引领新需求与创造新动力

（一）满足并创造新需求

未来产业不仅能够更好地满足人们现有的需求，还将创造新的应用场景和新消费需求。随着科技的进步和社会的发展，人们对美好生活的向往日益增长，对新产品、新服务的需求也日益多样化、个性化。未来产业通过不断研发新技术、新产品，满足这些新需求，并在此过程中创造新的市场机会和增长点。

（二）催生新技术、新产业、新业态、新模式

未来产业的发展将引导市场主体向更先进的生产力聚集，催生出一系列新技术、新产业、新业态、新模式。例如，数字经济的快速发展催生了大数据、云计算、物联网等新技术，进而推动了数字金融、数字贸易、智能制造等新产业的发展，形成了平台经济、共享经济等新业态，以及远程办公、在线教育等新模式。

三、拓展新空间与提升生产力水平

（一）突破认知极限和物理极限

未来产业将帮助我们不断突破认知极限和物理极限，提升社会生产力水平。随着科技的进步，人类对自然界的认识不断深入，对物质世界的操控能力也不断增强。未来产业将依托这些新技术，不断拓展人类活动的边界和范围，推动社会生产力水平的持续提升。

（二）拓展新的发展和生存空间

未来产业的发展还将拓展新的发展和生存空间。这既包括实体空间上的拓展，如深海、太空等领域的开发利用；也包括虚拟空间上的拓展，如数字经济的崛起和元宇宙等新兴概念的出现。这些新空间的拓展将为人类提供更加广阔的发

展空间和机遇。

四、新型生产要素的投入与要素结构的改变

（一）数据作为新型生产要素

数据作为新型生产要素,在未来产业的发展中发挥着越来越重要的作用。数据的大规模投入和开发利用贯穿从研发到生产的全链条,正在改变产业发展的要素结构和定价机制。例如,在智能制造领域,通过收集和分析生产过程中的大量数据,可以实现对生产过程的精准控制和优化,提高生产效率和产品质量。

（二）对人力资源的新要求

新型生产要素的投入也对人力资源提出了更高要求。未来产业的发展需要高质量的人力资源与之相匹配,包括具备跨学科知识、创新思维和跨界合作能力的人才。同时,随着自动化、智能化技术的普及应用,对低技能劳动力的需求将逐渐减少,而对高技能劳动力的需求将不断增加。

五、高质量发展的多维度体现

（一）产业体系的完整与创新力提升

从供给方面看,高质量发展要求产业体系比较完整,生产组织方式网络化、智能化。这意味着未来产业需要形成完善的产业链和供应链体系,实现上下游企业的紧密合作和协同创新。同时,通过提升创新力、需求捕捉力、品牌影响力和核心竞争力,推动产品和服务质量的不断提升。

（二）满足个性化、多样化需求

从需求方面看,高质量发展需要不断满足人民群众个性化、多样化、不断升级的需求。这要求未来产业在发展过程中注重市场调研和消费者需求分析,及时捕

捉市场变化趋势和消费者需求变化,通过技术创新和产品创新满足市场需求。

(三)提高全要素生产率与环境效率

从投入产出方面看,高质量发展要求不断提高劳动效率、资本效率、土地效率、资源效率和环境效率。这意味着未来产业需要通过技术创新和管理创新提高生产效率和质量水平;通过优化资源配置和节能减排措施降低生产成本和环境负担;通过提升全要素生产率推动经济持续增长。

(四)协调发展与绿色发展

高质量发展还需要实现经济与社会、城市与乡村、东部与西部、资源与环境等方面的协调发展以及绿色发展。这意味着未来产业在发展过程中需要注重经济效益与社会效益的协调统一、注重城乡区域发展的均衡性、注重资源节约和环境保护,推动绿色低碳发展和生态文明建设。

六、国际竞争与合作的新格局

(一)国际竞争的新焦点

未来产业已成为衡量一个国家科技创新和综合实力的重要标志。主要发达国家纷纷加强对人工智能、量子信息科学等前沿领域的布局和研发投入力度,以抢占未来产业发展的制高点和争夺话语权。我国作为世界第二大经济体和科技大国,在未来产业的发展中面临着激烈的国际竞争和挑战。

(二)开放合作的新机遇

国际竞争并非孤立的存在,开放合作也是未来产业发展的必然趋势。通过加强国际科技创新合作和经贸往来,可以推动我国未来产业更好地融入全球产业链和价值链体系中,促进技术交流和人才流动,共同应对全球性挑战和问题。因此,在推动未来产业高质量发展的过程中,我国需要坚持开放发展的理念,积极参与全球经济合作与竞争。

> # 第三章
>
> 我国未来产业的发展现状与挑战

第一节　我国未来产业的发展历程与现状

一、我国未来产业的发展历程

我国未来产业的发展历程可以大致划分为几个关键阶段,这些阶段不仅反映了技术进步和产业变革的趋势,也体现了国家政策引导和市场需求的演变。

(一)起步与探索阶段

在这一阶段,未来产业尚处于孕育和萌发期,主要由前沿技术驱动,具有显著的战略性、引领性、颠覆性和不确定性。政府开始关注并布局未来产业,通过制定相关政策、规划和发展战略,为未来产业的成长奠定基础。同时,企业和科研机构也开始加大对未来技术的研发投入,探索新的应用场景和商业模式。

(二)技术突破与产业化初期

随着技术的不断成熟和突破,未来产业开始进入产业化初期。在这个阶段,一些关键技术和产品逐渐实现商业化应用,形成了初步的产业规模。政府继续加大支持力度,通过设立专项基金、建设创新平台、推动产学研合作等措施,加速未来产业的发展。同时,市场也开始对未来产业表现出浓厚的兴趣,投资和合作机会不断涌现。

(三)快速发展与规模扩张阶段

在技术和市场的双重推动下,未来产业进入快速发展期。这个阶段的特点是产业规模迅速扩张,技术创新能力显著增强,产业链和生态系统逐步完善。政府和企业继续加大投入,推动未来产业向更高水平发展。同时,未来产业也开始对传统产业产生深远影响,推动产业结构的优化升级和经济增长方式的转变。

(四) 成熟与引领阶段

经过一段时间的快速发展,未来产业逐渐进入成熟阶段。在这个阶段,部分领域已经实现全球引领,关键技术和产品达到国际先进水平。未来产业不仅成为经济增长的重要引擎,也成为国际竞争的重要领域。政府和企业继续加强合作,共同推动未来产业的持续创新和发展。同时,未来产业也开始向更广泛的社会领域渗透,为人们的生活带来更多便利和福祉。

近年来,随着科技创新的加速和全球产业变革的深入推进,我国高度重视并前瞻布局未来产业,通过一系列政策引导和战略规划,积极推动数字经济、生物科技、新材料、新能源、智能制造等新兴领域的发展。政府不断加大对未来产业的投资和支持力度,鼓励企业加大研发投入,推动技术创新和产业升级。同时,加强与国际先进水平的交流合作,引进消化吸收再创新,不断提升我国在未来产业领域的国际竞争力。在这一过程中,未来产业逐渐从孕育孵化阶段走向成熟,对国民经济的支撑和带动作用日益显著,成为推动我国经济社会高质量发展的重要力量。表3-1列出了我国未来产业在发展过程中的关键事件/政策以及未来产业的主要方向/领域。

表3-1 我国未来产业的发展历程

时间段	关键事件/政策	主要方向/领域
2014年	习近平总书记在中央经济工作会议上提出"探索未来产业发展方向"	初步探索未来产业发展方向
2020年	习近平总书记在浙江考察时首次提出未来产业,强调布局数字经济、生命健康、新材料等战略性新兴产业、未来产业	数字经济、生命健康、新材料等战略性新兴产业
2020年	习近平总书记在深圳经济特区建立40周年庆祝大会上指出,要围绕产业链部署创新链、围绕创新链布局产业链,前瞻布局战略性新兴产业,培育发展未来产业,发展数字经济	强调产业链与创新链的融合,未来产业布局进一步明确

续表 3-1

时间段	关键事件/政策	主要方向/领域
2021年	《中华人民共和国国民经济和社会发展第十四个五年规划和2035年远景目标纲要》中提到组织实施未来产业孵化与加速计划,谋划布局一批未来产业	类脑智能、量子信息、基因技术、未来网络、深海空天开发、氢能与储能
2021年	国家发展改革委召开新闻发布会,表示将加强顶层设计和统筹协调,提前布局并积极培育发展未来产业	国家层面开始加强未来产业的顶层设计和布局
2022年	科技部、教育部批复《未来产业科技园建设试点及培育名单》,10家未来产业科技园成为首批建设试点	空天科技、信息安全、未来网络、生物医药、未来交通等
2023年	工业和信息化部印发《关于组织开展2023年未来产业创新任务揭榜挂帅工作的通知》(工信厅科函〔2023〕235号),聚焦元宇宙、人形机器人等方向	元宇宙、人形机器人、脑机接口、通用人工智能
2023年	工业和信息化部联合科技部等部门印发《新产业标准化领航工程实施方案(2023—2035年)》,聚焦8大新兴产业和9大未来产业	新一代信息技术、新能源、新材料等新兴产业;元宇宙、脑机接口等未来产业
2024年	习近平总书记在中共中央政治局第十一次集体学习时强调,要及时将科技创新成果应用到具体产业和产业链上,改造提升传统产业,培育壮大新兴产业,布局建设未来产业,完善现代化产业体系	进一步突出了党中央对于前瞻性布局未来产业发展的高度重视
2024年	工业和信息化部等七部门联合发布《关于推动未来产业创新发展的实施意见》(工信部联科〔2024〕12号),提出重点推进六大方向产业发展	未来制造、未来信息、未来材料、未来能源、未来空间和未来健康
2024年	新京报贝壳财经发布《2024中国未来产业之城发展指数》报告,分析未来产业成熟度及规模	工业互联网、通用AI、机器人等

注:表3-1为本研究整理。

二、我国未来产业的发展现状

在中国,未来产业的发展得到了党中央、国务院的高度重视。未来产业的发展已上升为国家战略,各级政府、科研机构和企业正积极布局,以期在新一轮科技竞赛中占据先机。近年来,国家出台了一系列政策措施,推动未来产业创新发展。2020年,习近平总书记在浙江考察时首次提出未来产业的概念,强调要抓紧布局数字经济、生命健康、新材料等战略性新兴产业和未来产业。随后,《中华人民共和国国民经济和社会发展第十四个五年规划和2035年远景目标纲要》明确部署了未来产业的发展方向和重点任务。各级政府积极响应国家号召,结合本地实际制定未来产业发展规划和行动计划,形成了上下联动、协同推进的良好局面。

近年来,中国未来产业发展势头强劲,一批具有全球竞争力的未来产业集群正在加速形成。北京、上海、浙江、深圳等地率先制定实施未来产业发展规划,提出中长期发展蓝图,并取得显著成效。中投产业研究院发布的《2024—2028年中国未来产业深度调研及投资前景预测报告》显示,中国未来产业具有巨大的发展潜力和广阔的市场前景。全国约20个省份围绕类脑智能、量子信息、基因技术、未来网络、深海空天开发、氢能与储能等前沿科技和产业变革领域布局未来产业发展[①]。这些产业往往基于前沿科技、创新理念或新的市场需求而兴起,具有高度的技术密集性、知识密集性和创新性。人工智能、生物医药、新能源、大数据、智能制造等是未来产业的典型代表。

(一)未来产业重点领域发展现状

1. 人工智能

人工智能作为新一轮科技革命和产业变革的重要驱动力量,正在深刻改变人们的生产、生活和学习方式。我国人工智能产业发展迅速,已经形成了较为完整的产业链和生态系统。在智能制造、智慧医疗、智慧教育、智慧金融、智慧交通等多个领域,人工智能的应用不断深入,推动了相关产业的转型升级和高质量发展。

---

① 资料来源:https://www.ocn.com.cn/industry/202407/yvnwy26085418.shtml

具体来说,我国人工智能企业在自然语言处理、计算机视觉、语音识别等核心技术领域取得了显著进展,部分技术已达到国际领先水平。同时,人工智能与实体经济的深度融合不断加深,推动了制造业、农业、服务业等传统产业的智能化升级。此外,我国还出台了一系列政策措施,支持人工智能产业的发展,包括加强基础研究、推动技术创新、优化产业环境等。

2. 生物医药

生物医药产业是全球范围内最具发展潜力的产业之一。我国生物医药产业近年来发展迅速,特别是在创新药和生命科学领域取得了显著成果。随着生物技术的不断进步和医疗需求的不断增长,生物医药产业将迎来更加广阔的发展空间。

我国生物医药企业在基因编辑、细胞治疗、生物类似药等领域取得了重要突破,部分创新药物已经进入临床试验阶段或获得上市批准。同时,我国还加强了对生物医药产业的政策支持,包括加大研发投入、优化审批流程、推动创新成果转化等。这些措施为生物医药产业的快速发展提供了有力保障。

3. 新能源

在全球应对气候变化的背景下,新能源产业的发展势头强劲。我国新能源产业在太阳能、风能、水能等领域取得了显著成就,成为全球新能源产业的重要参与者。

我国新能源产业在政策扶持和市场需求的双重驱动下快速发展。太阳能光伏和风电装机容量持续扩大,技术水平不断提高,成本不断降低。同时,新能源汽车产业也呈现出爆发式增长态势,产销量连续多年位居全球第一。此外,我国还加强了对新能源产业的规划布局和政策引导,推动新能源产业与智能电网、储能技术等领域的融合发展。

4. 大数据

大数据已经成为现代社会的重要资源,对于政府决策、企业管理、科研创新等方面都具有重要意义。我国大数据产业在政策支持和市场需求的推动下快速发展,形成了较为完整的产业链和生态系统。

我国大数据企业在数据采集、存储、处理、分析等领域取得了显著进展,为各行各业提供了丰富的数据服务。同时,大数据与云计算、人工智能等技术的深度融合不断加深,推动了数据价值的深度挖掘和应用。此外,我国还加强了对大数据产业的监管和规范,保障数据安全和个人隐私权益。

5. 智能制造

智能制造是制造业转型升级的重要方向。通过引入人工智能、物联网、云计算等先进技术,实现生产过程的自动化、智能化和柔性化,提高生产效率和产品质量。我国智能制造产业发展迅速,已经成为推动制造业高质量发展的重要力量。

我国智能制造企业在智能装备、智能工厂、工业互联网等领域取得了显著成果。智能装备如机器人、数控机床等得到广泛应用;智能工厂通过数字化、网络化、智能化改造提升了生产效率和灵活性;工业互联网平台为制造业企业提供了高效协同的生产服务。同时,我国还加强了对智能制造产业的政策支持和技术创新引导,推动制造业向智能化方向发展。

(二)政策支持与产业布局现状

1. 国家层面的政策支持

我国政府高度重视未来产业的发展,将其视为推动经济高质量发展和构建现代化产业体系的重要抓手。近年来,国家出台了一系列战略规划和政策文件,为未来产业的发展提供了明确的方向和强有力的支持。例如,《中华人民共和国国民经济和社会发展第十四个五年规划和2035年远景目标纲要》明确部署了在类脑智能、量子信息、基因技术、未来网络、深海空天开发、氢能与储能等前沿科技和产业变革领域组织实施未来产业孵化与加速计划。各部委也结合自身职能积极推进未来产业的发展,加强顶层设计和统筹协调,提前布局并积极培育发展未来产业。例如,工业和信息化部等部门联合印发的《关于推动未来产业创新发展的实施意见》(工信部联科〔2024〕12号),明确了未来产业的发展目标、重点领域和保障措施,为各地推动未来产业发展提供了指导。

2. 地方层面的产业布局

在国家政策的引领下,地方政府也纷纷出台相关政策措施,积极培育和发展未来产业。各地根据自身资源和产业基础,制定了具有地方特色的未来产业发展规划,明确了发展目标和重点任务。这些政策不仅涵盖了新一代信息技术、新能源、新材料、高端装备、生物医药等战略性新兴产业,还深入布局了人工智能、量子信息、元宇宙等前沿科技领域。北京、上海、广东、江苏等地在未来产业方面进行了积极布局,推动了人工智能、量子信息、生物制造等领域的快速发展[①]。例如,北京市出台了《北京市促进未来产业创新发展实施方案》(京政办发〔2023〕20号),提出要面向六大领域二十大方向,打造未来产业策源高地;上海市发布了《上海打造未来产业创新高地发展壮大未来产业集群行动方案》(沪府发〔2022〕11号),明确了未来健康、未来智能、未来能源、未来空间和未来材料五个领域的发展目标;江苏省则发布了《江苏省人民政府关于加快培育发展未来产业的指导意见》(苏政发〔2023〕104号),重点发力未来网络、通用智能、前沿新材料等成长型未来产业。此外,各地政府还通过设立专项基金、提供税收优惠、加强人才引进和培养等措施,为未来产业的发展提供全方位的支持。同时,各地还积极推动产学研用深度融合,加强创新链、产业链、资金链、人才链的协同互动,打造具有全球竞争力的未来产业集群。

(三) 技术创新与突破现状

1. 关键技术领域取得显著进展

我国在未来产业的关键技术领域取得了显著进展。在人工智能领域,大模型技术、算力芯片等核心技术不断取得新突破,推动了人工智能在智能制造、智慧医疗、智慧城市等领域的应用。在量子信息领域,量子通信、量子计算等关键技术逐步实现产业化应用,为我国在全球量子科技竞争中占据有利地位提供了有力支撑。在生物制造领域,合成生物学、基因编辑等前沿技术正引领产业变革,推动了生物医药、生物农业等领域的发展。

2. 创新平台建设不断完善

为了推动技术创新和产业升级,我国建立了一批国家级创新平台和企业研发中心。这些平台汇聚了国内外顶尖科研人才和先进技术资源,为未来产业的发展提供了强有力的支撑。同时,平台还加强了产学研用深度融合,促进了科技成果

---

① 参见附录2:部分省市关于"未来产业"政策出台情况。

的转化和应用。

（四）产业化应用与市场拓展现状

1. 应用场景日益丰富

未来产业的应用场景日益丰富，涵盖了智能制造、智慧医疗、智慧城市等多个领域。在智能制造领域，人工智能、物联网等技术的应用推动了生产方式的变革，提高了生产效率和产品质量。在智慧医疗领域，远程医疗、智能诊断等技术的普及提高了医疗服务水平，降低了医疗成本。在智慧城市领域，大数据、云计算等技术的应用提升了城市管理效率，改善了居民生活质量。

2. 市场需求持续增长

随着经济社会的发展和人们生活水平的提高，市场对未来产业的需求持续增长。未来产业不仅能够提供高效、便捷、智能的产品和服务，还能够满足人们对美好生活的向往和追求。例如，在新能源汽车领域，随着消费者对环保和节能意识的增强，新能源汽车市场需求持续增长，推动了新能源汽车产业的快速发展。

（五）区域布局与协同发展现状

1. 区域特色明显

我国各地根据自身资源和产业基础，形成了各具特色的未来产业布局。例如，北京、上海等一线城市依托丰富的科研资源和人才优势，重点发展人工智能、量子信息等高端产业；江苏、浙江等沿海地区则依托制造业基础雄厚，重点发展智能制造、新材料等产业。这种区域特色明显的布局有助于发挥各地比较优势，形成错位发展和协同创新的良好局面。

2. 协同发展机制建立

为了推动未来产业的协同发展，我国建立了跨区域、跨行业的协同发展机制。通过加强区域间的合作与交流，实现资源共享、优势互补和互利共赢。同时，推动产学研用深度融合，促进科技成果的转化和应用。这种协同发展机制有助于打破地域和行业壁垒，促进未来产业的快速发展和广泛应用。

第二节　我国未来产业发展面临的挑战与机遇

一、我国未来产业发展面临的挑战

未来产业,作为满足未来人类和社会发展新需求、以新兴技术创新为驱动力的前瞻性新兴产业,其发展对于构建现代产业体系、培育发展新动能、促进经济高质量发展具有重要意义。然而,我国未来产业的发展并非一帆风顺,面临着多方面的挑战。本书将从技术、市场、政策、国际环境及安全治理等多个维度,对我国未来产业发展面临的挑战进行分析。

(一)技术挑战

1. 核心技术突破难度大

未来产业的发展高度依赖关键核心技术的突破。然而,我国在部分前沿科技领域,如量子信息、人工智能、基因编辑等,尽管取得了一定进展,但与发达国家相比仍存在较大差距。核心技术的突破不仅需要大量的研发投入,还需要长期的技术积累和人才储备。目前,我国在高端复合型人才及其创新能力方面尚不足以支撑核心技术产业的完全自主创新,这成为制约未来产业发展的关键因素之一。

2. 基础研究投入不足

基础研究是技术创新的源泉,对于未来产业的发展至关重要。然而,我国部分企业对基础研究的投入贡献度较低,仅占研发总投入的约1%,远低于发达国家水平[1]。这种投入不足导致我国原始创新能力不足,科研成果到市场的产业化路径尚未完善,科技成果转化率较低。例如,在量子信息等领域,尽管取得了一些科研成果,但企业对其产业化前景预期不高,认为短期内难以实现经济效益。

---

[1] 温珂,张宁宁,李振国,等.加快完善支持企业基础研究的政策体系[J].中国科学院院刊,2023,38(4):602-613.

3. 技术迭代速度快

未来产业技术迭代速度快，技术路径和产品形态不断变化。这种快速迭代要求企业必须保持持续的创新能力和敏锐的市场洞察力，否则很容易被市场淘汰。然而，我国企业在技术迭代和快速响应市场变化方面仍存在不足，难以跟上全球技术发展的步伐。

（二）市场挑战

1. 市场培育力度需加大

未来产业的市场尚处于培育和发展阶段，市场规模相对较小，市场接受度不高。尽管国家和地方政府出台了一系列政策措施支持未来产业的发展，但市场培育力度仍需进一步加大。例如，在未来信息、未来能源、未来制造等领域，大多数企业的人员规模都在200人以下，且以中小型创新创业企业为主，缺乏生态主导型领军企业。这些企业在市场拓展、品牌建设、资金筹集等方面面临诸多困难。

2. 市场需求不确定性高

未来产业以满足未来人类和社会发展新需求为目标，但这些新需求往往具有不确定性和模糊性。市场需求的不确定性使得企业在产品开发和市场推广方面面临较大风险。例如，在元宇宙、类脑智能等新兴领域，尽管市场潜力巨大，但具体需求形态和应用场景尚未明确，企业难以准确把握市场需求。

3. 市场竞争激烈

随着全球范围内对未来产业的重视和投入不断增加，市场竞争日益激烈。我国企业在参与国际竞争时，不仅要面对来自发达国家的强大竞争对手，还要应对新兴经济体的崛起和追赶。这种激烈的市场竞争要求企业必须具备强大的技术实力和市场竞争力，否则难以在全球市场中立足。

（三）政策挑战

1. 政策体系尚不完善

尽管国家和地方政府密集出台了一系列支持未来产业发展的政策措施，但政策体系尚不完善,存在政策碎片化、缺乏协同性等问题。例如,不同部门之间在政策制定和执行过程中存在协调不足的情况,导致政策效果打折扣。此外,部分地方政策文件过于笼统和抽象,缺乏针对性和可操作性,难以有效指导未来产业的发展。

2. 政策支持力度需加强

未来产业的发展需要大量的资金投入和政策支持。然而,目前国家和地方政府对未来产业的支持力度仍有待加强。例如,在财政补贴、税收优惠、融资支持等方面,未来产业尚未享受到与其他战略性新兴产业同等的待遇。这种政策支持力度的不足限制了未来产业的快速发展。

3. 政策执行效果需评估

政策执行效果是未来产业发展成效的重要体现。然而,目前对未来产业政策执行效果的评估机制尚不健全,难以准确评估政策的实际效果和调整政策方向。例如,部分政策在执行过程中存在落实不到位、执行偏差等问题,导致政策效果大打折扣。因此,建立健全政策执行效果评估机制对于提高政策的有效性和针对性具有重要意义。

(四)国际环境挑战

1. 全球化经济合作分工受阻

随着全球化进程的推进,国际合作对于未来产业的发展至关重要。然而,近年来全球化经济合作分工受到多种因素的干扰和破坏,为中国未来产业的发展设置了重重障碍。例如,贸易保护主义的抬头、地缘政治冲突的加剧等因素导致国际经济合作环境恶化,增加了未来产业在全球范围内的拓展难度。

2. 技术封锁与竞争压力

以美国为首的西方国家通过构筑成熟的产业创新体系和技术封锁手段,长期垄断产业尖端技术。这种技术封锁不仅限制了我国获取先进技术的渠道和途径,还增加了我国在未来产业领域的竞争压力。例如,在半导体、芯片等关键领域,我国长期受到技术封锁和制裁的影响,导致产业发展受到严重制约。

3. 国际标准与规则制定权争夺

未来产业的发展离不开国际标准和规则的支撑。然而,目前国际标准和规则的制定权主要掌握在发达国家手中,我国在国际标准和规则制定中的话语权和影响力相对较弱。这种现状不利于我国在未来产业领域的国际竞争和合作。因此,加强国际标准和规则的参与和制定对于提升我国在未来产业领域的国际地位具有重要意义。

(五)安全治理挑战

1. 技术安全风险

未来产业的发展高度依赖新兴技术,这些技术往往伴随着潜在的安全风险。例如,在人工智能、量子信息等领域,技术的快速发展可能导致数据泄露、网络攻击等安全问题频发。这些安全问题不仅威胁到个人隐私和企业利益,还可能对国家安全造成重大影响。因此,加强技术安全治理是未来产业发展过程中必须面对的重要挑战之一。

2. 产业生态安全风险

未来产业的发展将形成新的产业生态体系,这些生态体系往往涉及多个领域和环节。然而,产业生态的复杂性和多样性也增加了安全风险的发生概率。例如,在智能网联汽车、工业互联网等领域,产业生态的复杂性和依赖性可能导致供应链中断、数据泄露等安全问题频发[①]。这些安全问题不仅影响产业的正常发展,还可能对整个社会造成重大损失。因此,加强产业生态安全治理是未来产业发展过程中必须重视的问题之一。

3. 信息安全挑战

随着信息技术的快速发展和广泛应用,信息安全问题日益凸显。未来产业的发展将进一步推动信息技术的深度应用和融合创新,但同时也增加了信息安全的风险和挑战。例如,在元宇宙、区块链等新兴领域,信息的真实性和可信度成为重

---

① 田思雨,李勇建.智能网联汽车供应链风险识别与评价研究[J].供应链管理,2022,3(7):37-51.

要问题;在人工智能领域,算法的不透明性和可解释性引发信任危机[①]。这些问题不仅影响用户对新兴技术的接受度,还可能对整个社会造成不良影响。因此,加强信息安全治理是未来产业发展过程中必须重视的问题之一。

二、我国未来产业发展面临的机遇

未来产业作为全球经济和科技竞争的新焦点,是基于重大前沿科技创新成果,以新兴技术为驱动力,满足未来人类和社会发展需求的重要领域。随着全球科技革命的加速推进和产业变革的深化,我国未来产业的发展正面临着前所未有的机遇。本书将从技术创新、市场需求、政策支持、国际环境及产业链协同等多个维度,对我国未来产业发展面临的机遇进行分析。

(一)技术创新的引领机遇

1. 前沿科技突破加速

当前,全球科技创新进入密集活动期,信息、通信、能源等领域的颠覆性技术突飞猛进,预示着新一轮技术革命奇点正在临近。在人工智能领域,以 ChatGPT 为代表的生成式人工智能技术的出现,标志着新一代人工智能技术进入新阶段,为未来产业的发展提供了强大的技术支撑。在量子信息领域,量子计算、量子通信等技术的快速发展,有望在未来解决经典计算难以处理的复杂问题,为未来产业的发展开辟新的赛道。此外,生物技术、新材料等领域的突破性进展也为未来产业的发展提供了广阔的空间。

2. 技术融合创新加速

未来产业的发展不仅仅是单一技术的突破,更是多领域技术的融合创新。随着物联网、大数据、云计算等技术的深度融合,传统产业与新兴产业的边界日益模糊,催生出许多新业态、新模式。例如,智能制造通过融合人工智能、物联网、大数据等技术,实现了生产过程的智能化、网络化、服务化,显著提升了生产效率和产品质量。这种技术融合创新为未来产业的发展提供了丰富的应用场景和市场

---

① 刘云.论可解释的人工智能之制度构建[J].江汉论坛,2020(12):113-119.

空间。

（二）市场需求的拓展机遇

1. 新兴市场需求涌现

随着经济社会的发展和人民生活水平的提高，新兴市场需求不断涌现。在绿色能源领域，随着全球对环境保护和可持续发展的重视，新能源市场需求快速增长。在生物科技领域，随着人口老龄化和健康意识的提升，生物医药、医疗器械等市场需求持续扩大。在智能制造领域，随着工业4.0的推进和制造业转型升级的加速，智能制造装备和解决方案市场需求旺盛。这些新兴市场需求的涌现为未来产业的发展提供了广阔的市场空间。

2. 消费升级带动产业升级

随着居民收入水平的提高和消费观念的转变，消费升级成为推动产业升级的重要动力。消费者对高品质、个性化、智能化产品和服务的需求不断增加，促使企业加大研发投入，推动产品和技术创新。这种消费升级不仅带动了传统产业的转型升级，也为未来产业的发展提供了新的增长点。例如，在智能家居领域，随着消费者对家居生活品质要求的提高，智能家居产品市场需求快速增长，推动了智能家电、智能安防等产业的快速发展。

（三）政策支持的推动机遇

1. 国家战略部署明确

近年来，我国高度重视未来产业的发展，将其纳入国家战略部署之中。从"十四五"规划纲要到政府工作报告，均明确提出要加快发展新质生产力，积极培育未来产业。国家层面的一系列战略部署为未来产业的发展提供了明确的方向和政策支持。各级政府也纷纷出台配套政策措施，加大对未来产业的扶持力度，推动其快速发展。

2. 政策环境持续优化

为了促进未来产业的发展，我国不断优化政策环境，降低企业运营成本，提高市场竞争力。例如，通过减税降费、优化营商环境等措施降低企业负担；通过加大财政补贴、提供融资支持等手段降低企业研发和市场拓展风险;通过完善知识产权保护制度保障企业创新成果收益。这些政策环境的持续优化为未来产业的发展提供了良好的外部条件。

(四)国际环境的机遇

1. 全球化趋势下的国际合作

尽管全球化进程面临一些挑战和不确定性因素,但全球化仍然是世界经济发展的主流趋势。在全球化背景下,国际合作成为推动未来产业发展的重要力量。我国可以通过加强与国际组织、跨国公司及科研机构的合作与交流,引进和消化吸收国外先进技术和管理经验;通过参与国际标准和规则的制定工作提升我国在未来产业领域的国际话语权和影响力;通过共建"一带一路"等平台推动未来产业在全球范围内的拓展和应用。这些国际合作机遇为我国未来产业的发展提供了广阔的国际市场和资源支持。

2. 新兴市场国家的崛起

随着新兴市场国家的快速发展和崛起,其对未来产业的需求不断增加。这些新兴市场国家拥有庞大的人口规模和市场潜力,为未来产业的发展提供了广阔的市场空间。我国可以通过加强与新兴市场国家的经贸合作和技术交流,共同推动未来产业在全球范围内的应用和发展;通过参与新兴市场国家的基础设施建设和产业升级项目,拓展我国未来产业的国际市场份额和影响力。

(五)产业链协同的促进机遇

1. 产业链上下游协同发展

未来产业的发展离不开产业链上下游的协同发展。通过加强产业链上下游企业之间的合作与交流,可以实现资源共享、优势互补和协同创新。例如,在新能源汽车领域,上游的电池、电机等关键零部件企业与下游的整车制造企业之间加强合作与交流,共同推动新能源汽车产业的快速发展;在智能制造领域,上游的传感器、控制器等智能装备企业与下游的制造业企业之间加强合作与交流,共同推动智能制造装备的普及和应用。这种产业链上下游的协同发展不仅提高了产业的整体竞争力,也为未来产业的发展提供了有力支撑。

2. 跨行业协同发展

未来产业的发展还需要跨行业的协同发展。通过打破行业壁垒和界限,推动不同行业之间的交叉融合和协同创新,可以形成新的产业生态和增长点。例如,在智慧医疗领域,通过融合医疗、信息、通信等多领域技术形成智慧医疗生态系统;在智慧城市领域通过融合交通、能源、环保等多领域技术形成智慧城市综合解决方案。这种跨行业的协同发展不仅拓展了未来产业的发展空间和应用场景,也提高了产业的创新能力和市场竞争力。

(六)人才储备的支撑机遇

1. 人才队伍不断壮大

随着教育事业的发展和人力资源投入的增加,我国人才队伍不断壮大且素质不断提高。在科技创新领域涌现出一大批优秀的科学家和工程师;在产业界也培养出一批具有创新精神和实践经验的企业家和团队。这些优秀的人才队伍为未来产业的发展提供了坚实的人才支撑和智力保障。

2. 人才流动与配置优化

随着我国市场化改革的深入和人才市场的日益完善,人才流动变得更加自由灵活,配置也更为优化。企业能够借助市场化手段吸引并留住优秀人才,而高校与科研机构则可通过产学研合作等途径,与企业实现人才共享与优势互补。这种人才流动与配置的优化不仅提升了人才的利用效率和使用效益,也为未来产业的发展提供了持续的人才支撑。

第四章

我国未来产业高质量发展的路径选择

第一节　我国未来产业高质量发展的重要性

在当今全球经济一体化与科技迅猛发展的背景下,我国未来产业的高质量发展显得尤为重要。这不仅关乎我国经济的持续增长,还涉及国家在全球产业链中的地位提升、科技创新能力的增强以及社会可持续发展的实现。以下将从多个维度对我国未来产业高质量发展的重要性进行深度解析。

一、经济持续增长的动力源泉

(一)产业升级与转型的必然路径

随着我国经济由高速增长阶段转向高质量发展阶段,传统产业面临着资源环境约束加剧、国际竞争加剧等挑战。因此,推动未来产业高质量发展,是实现产业结构优化升级、提升产业链水平的必然路径。通过发展高科技产业、绿色产业等,可以形成新的经济增长点,为经济持续发展提供强大动力。

(二)创新驱动发展的核心要求

高质量发展强调创新在经济发展中的核心地位。未来产业的高质量发展,需要依靠科技创新、管理创新、制度创新等多方面的创新来推动。通过创新,可以提高生产效率、降低生产成本、提升产品质量,从而增强产业竞争力,为经济持续增长提供源源不断的动力。

二、全球产业链地位提升的关键

(一)增强国际竞争力

在全球经济一体化的大背景下,我国产业面临着来自世界各地的竞争。未来产业的高质量发展,可以提升我国产业在国际市场上的竞争力,使我国在全球产业链中占据更加有利的位置。通过发展具有自主知识产权的核心技术,打造具有国际影响力的品牌,我国可以在全球产业链中实现由"制造大国"向"创造强国"的转变。

(二)拓展国际合作空间

未来产业的高质量发展不仅关注国内市场的拓展,还注重国际市场的开拓。通过提升产业的技术水平和产品质量,我国可以更加积极地参与国际经济合作与竞争,拓展与各国的产业合作空间。这不仅有助于我国产业的国际化发展,还可以推动全球经济的繁荣与进步。

三、科技创新能力的增强基石

(一)培育创新生态

未来产业的高质量发展,需要构建一个有利于创新的生态体系。这包括完善创新政策、优化创新环境、培育创新人才等多个方面。通过高质量发展,可以推动我国产业在关键核心技术领域实现突破,形成具有自主知识产权的创新成果,为科技创新能力的整体提升奠定坚实基础。

(二)促进产学研深度融合

未来产业的高质量发展强调产学研用的紧密结合。通过加强企业、高校和科研院所之间的合作与交流,可以推动科技创新成果的快速转化与应用。这不仅有助于提升我国产业的科技含量和附加值,还可以促进科技创新与经济发展的深度融合。

四、社会可持续发展的有力保障

（一）推动绿色发展

未来产业的高质量发展，注重经济与环境的协调发展。通过发展绿色产业、循环经济等，可以降低产业活动对环境的负面影响，推动经济向绿色、低碳、可持续的方向转型。这不仅有助于应对全球气候变化等环境挑战，还可以提升我国产业的国际形象和竞争力。

（二）促进社会和谐

未来产业的高质量发展强调经济与社会发展的协调性。通过发展未来产业，可以创造更多的就业机会，提高居民收入水平和生活质量。同时，未来产业的高质量发展还注重产业结构的优化和升级，可以推动城乡区域协调发展，缩小地区差距和城乡差距，促进社会和谐与稳定。

第二节　我国未来产业高质量发展的路径选择

在全球化背景下,国际产业竞争日益激烈,技术革新与产业升级成为各国经济发展的核心驱动力。未来产业是指由前沿技术驱动,具有显著战略性、引领性、颠覆性和不确定性的前瞻性新兴产业。这些产业往往代表着科技和产业发展的未来方向,具有技术颠覆性强、产业关联度高、市场空间潜力大等特点。推动未来产业高质量发展,是我国实现经济转型升级、抢占全球科技和产业竞争制高点的重要战略选择。本书将从学术角度,探讨我国未来产业高质量发展的路径选择,涉及质量提升、效率变革、新产业成长、创新驱动、模式升级、空间布局优化、可持续发展及要素支撑等多个维度。

一、质量提升路径

(一)标准化、精益化、管理优化相结合

未来产业的高质量发展,首先需要在产品质量上实现突破。通过强化标准引领,构建包括"底线标准、消费者满意标准、战略性标准、国家安全标准、未来标准"在内的统一产业标准体系,可以确保产品质量的一致性和先进性。在此基础上,推动企业实施精益化生产和管理优化,形成以质量为导向的资源配置方式,构建质量与价格的科学联动、反应机制。具体而言,企业应注重产品设计的精细化和生产过程的精益化,通过引入六西格玛管理、全面质量管理等先进管理方法,提高生产效率和产品质量。同时,建立健全企业质量管理体系,完善产品召回制度,推动企业社会责任制度和诚信体系建设,为产品质量的持续提升提供制度保障。

(二)信息网络技术赋能

在信息化时代,信息网络技术已成为提升产品质量的重要手段。通过运用物联网、大数据、云计算、人工智能、5G、区块链等先进信息技术,可以实现企业内的

人、物、服务以及企业间、企业与用户间的互联互通和线上线下融合,促进资源与要素的协同配置。这不仅有助于提升生产过程的透明度和可追溯性,还能通过数据分析优化生产流程,及时发现并解决质量问题。

二、效率变革路径

（一）数字化、网络化、智能化赋能

数字化、网络化、智能化技术是推动效率变革的重要工具。具体而言,可以通过运用物联网、大数据、云计算、人工智能、5G、区块链等先进信息技术,对供应链不同环节、生产体系与组织方式、产业链条等进行全方位赋能。实施策略包括推动产业数字化进程,加快企业数字化转型步伐,利用数字技术优化生产流程、提升管理效率、降低运营成本,并通过构建数字化平台,实现企业内部资源的优化配置和与外部市场的精准对接。同时,加强智能化技术应用,推广智能制造、智能服务等智能化应用场景,提升生产自动化水平和产品智能化程度,引入智能机器人、自动化生产线等智能装备,以提高生产效率和产品质量。此外,还需促进网络化协同,构建开放、协同的网络化平台,促进产业链上下游企业之间的信息共享和协同合作,通过加强企业间的网络联系,实现资源的优化配置和风险的共同应对。

（二）促进资源要素协同,提升整体效率

数字化、网络化、智能化技术的应用不仅能够优化生产流程和管理模式,还能够促进资源要素的协同配置。通过大数据分析和云计算平台,企业可以更精准地掌握市场需求和生产状况,实现资源的优化配置和高效利用。同时,区块链技术的应用可以增强供应链透明度和信任度,降低交易成本,提升整体效率。

三、新产业成长路径

（一）把握新一轮产业革命机遇

新一轮产业革命以信息技术为核心驱动力,正在深刻改变全球产业格局。我

国应紧抓这一历史机遇,大力发展下一代信息网络、高端装备、生物、新材料、新能源等战略性新兴产业[①]。通过加大研发投入、突破关键技术、培育领军企业等方式,推动这些产业快速成长并形成竞争优势。

(二)推动跨界融合与协同创新

未来产业的成长往往伴随着跨界融合与协同创新。通过推动不同领域、不同行业之间的技术融合和模式创新,可以催生出新的产业形态和商业模式。例如,将人工智能技术与制造业深度融合,可以推动智能制造的发展;将生物技术与信息技术相结合,可以催生出生物信息学等新兴学科和产业。

四、创新驱动路径

(一)强化国家战略科技力量

创新是未来产业高质量发展的核心驱动力。我国应强化国家战略科技力量,加大对基础研究和应用基础研究的投入力度,提升原始创新能力。通过建设国家实验室、全国重点实验室等创新平台,集聚顶尖科研人才和团队,开展前沿科技攻关和关键技术突破。

(二)构建全方位创新体系

围绕国家战略、市场需求和未来方向,构建由技术创新、商业模式创新、管理创新、制度创新、产品创新等全方位创新体系。推动企业、产业结合自身情况升级创新范式,促进产业链与创新链深度耦合。同时,支持大中小企业和各类主体融通创新,推动科技成果转化和产业化。

---

① 参见附录3:我国8大新兴产业+9大未来产业发展分析。

五、模式升级路径

（一）平台化、共享化商业模式

随着互联网的普及和发展，平台化、共享化商业模式逐渐成为未来产业发展的重要趋势。通过构建产业互联网平台、共享经济平台等新型商业模式，可以实现产业资源的优化配置和高效利用。例如，通过工业互联网平台连接产业链上下游企业，实现供需精准对接和协同生产；通过共享经济平台整合闲置资源，提高资源利用效率和服务水平。

（二）供应链化、生态化产业组织

未来产业的组织形态将逐渐向供应链化和生态化方向发展。通过构建以核心企业为主导的供应链体系，实现上下游企业的紧密合作和协同发展；通过打造产业生态系统，促进不同领域、不同行业之间的交叉融合和协同创新。这将有助于提升整个产业链的竞争力和可持续发展能力。

六、空间布局优化路径

（一）地区产业分工与合作

按照"有所为、有所不为"的原则，推动各地区从全球分工体系与国家发展战略角度精准定位，选择好主导产业、支柱产业与优势产业。通过加强地区间的产业分工与合作，形成优势互补、错位发展的产业格局。发达城市群可着力打造世界级产业集群，发挥规模效应和集聚效应；欠发达地区则应结合自身优势资源和发展潜力，培育特色鲜明、专业化程度高的产业集群。

（二）城乡融合发展

推动城乡融合发展是未来产业空间布局优化的重要方向。通过加快城市化进程,促进农村人口合理转移;同时加强农村基础设施建设和社会事业发展,提高农村地区的吸引力和承载力。这将有助于实现城乡资源要素的自由流动和优化配置,推动形成工农互促、城乡互补、协调发展、共同繁荣的新型工农城乡关系。

七、可持续发展路径

(一)绿色、循环、低碳理念导入

将绿色、循环、低碳理念导入各次产业和产业全生命周期是实现可持续发展的重要途径。在产业发展的规划、设计、生产、流通、消费等各环节中体现资源节约和环境友好的目标;推动绿色化转型与绿色产业发展;统筹推动绿色产品、绿色工厂、绿色园区和绿色供应链发展。这将有助于降低能源资源消耗和减少废弃物排放强度,实现经济与环境的协调发展。

(二)生态文明建设与产业协同发展

生态文明建设是我国未来产业高质量发展的内在要求。通过加强生态环境保护与修复工作,提升生态系统质量和稳定性;同时推动生态文明建设与产业协同发展,将生态环境保护纳入产业发展规划之中,实现经济效益与生态效益的双赢。

八、要素支撑路径

(一)要素供给升级

要素供给升级是提高产业发展潜力的重要支撑。一方面要建立现代财税金融体制和市场体系,完善市场机制;另一方面要加快转变政府职能,提高政府工作质量和效率。通过减少行政干预、优化企业发展环境等方式激发市场活力和社会创造力;同时完善产业政策体系从倾斜式向普适性和倾斜式有机结合转变;加强社会保障体系建设,提供积极的公共和社会化服务,营造良好的社会环境。

（二）人才队伍建设

人才是未来产业高质量发展的核心资源。我国应加大人才培养和引进力度，构建多层次、多渠道的人才培养体系；同时完善人才激励机制和政策环境，吸引更多优秀人才投身于未来产业的发展之中。通过加强产学研用合作等方式推动人才培养与产业发展紧密结合，为未来产业的高质量发展提供坚实的人才保障。

第五章

我国未来产业高质量发展的策略构建

在全球经济一体化和科技进步的推动下，我国产业正面临着前所未有的发展机遇与挑战。为实现产业高质量发展，我们必须深入探索符合我国国情的策略路径。本书旨在从创新驱动、结构优化、绿色发展、开放合作以及政策保障等多个维度出发，详细阐述我国未来产业高质量发展的策略构建，以期为实现经济持续稳定增长提供理论支持与实践指导。

一、创新驱动：核心技术突破与创新能力提升

在全球产业竞争中，核心技术是高质量发展的基石。没有核心技术的支撑，产业发展将难以持续，甚至面临被替代的风险。因此，我国必须加大对关键领域和核心技术的研发投入，通过设立国家级科研项目、鼓励企业技术创新、加强产学研合作等方式，推动核心技术自主研发和国产化替代。

（一）核心技术自主研发的重要性

核心技术自主研发对于我国产业高质量发展具有重要意义。首先，核心技术是产业竞争力的核心要素，掌握核心技术意味着在产业链中占据主导地位，能够提升整个产业的附加值和竞争力。其次，核心技术自主研发有助于打破国外技术垄断，降低对外部技术的依赖，提高产业自主可控能力。最后，核心技术自主研发还能够带动相关产业的发展，形成技术创新和产业升级的良性循环。

（二）创新生态系统的构建

创新不是孤立的，而是需要一个良好的生态系统来支撑。为了构建有利于创新的环境，我国应建立以企业为主体、市场为导向、产学研深度融合的技术创新体系。这意味着要鼓励企业加大研发投入，提高自主创新能力；同时，要加强产学研合作，促进科技创新成果的转化和应用。此外，还需要优化创新资源配置，提高创新效率，确保创新成果能够快速转化为现实生产力。

（三）人才培养与引进的策略

人才是创新的第一资源。为了培养更多具有创新精神和实践能力的人才，我

国应加大对科技人才的培养力度,改革教育体制,注重培养创新型人才和实践型人才。这包括加强基础教育阶段的科学教育,提高青少年的科学素养;加强高等教育阶段的创新教育,培养具有创新思维和实践能力的高素质人才。同时,我国还应实施更加开放的人才政策,吸引全球顶尖科学家和创新团队来华工作,为我国产业高质量发展提供强有力的人才支撑。

二、结构优化:产业链升级与布局调整

产业链的优化升级是产业高质量发展的关键。针对我国产业链存在的短板和弱项,应实施产业链现代化工程,推动产业链上下游协同发展和深度融合。

(一)产业链现代化的实施路径

产业链现代化是一个系统工程,需要从多个方面入手。首先,要通过技术改造和升级,提高产业链各环节的技术水平和生产效率。这包括引进先进设备、推广智能制造、加强工业互联网建设等。其次,要通过模式创新,推动产业链上下游的协同发展和深度融合。这包括发展产业联盟、建立共享平台、推广服务型制造等。最后,要通过品牌建设,提升产业链的整体竞争力和附加值。这包括加强品牌培育、推广品牌文化、提高品牌国际化水平等。

(二)产业布局的优化调整

产业布局的优化调整是产业链升级的重要组成部分。根据区域经济发展特点和资源禀赋,我国应优化产业布局,形成错位发展、优势互补的区域经济格局。东部地区应继续发挥引领作用,推动产业升级和新兴产业发展;中西部地区则可以利用自身资源优势,承接产业转移,发展特色产业集群。同时,要加强区域间的经济合作与交流,实现产业协同发展。这包括加强区域产业规划对接、推动跨区域产业合作、建立区域产业协同发展机制等。

(三)供应链稳定性的增强策略

在全球供应链体系受到冲击的背景下,我国应更加注重供应链的稳定性和安

全性。首先,要通过多元化供应商策略,降低对单一供应商的依赖风险。这包括寻找替代供应商、建立备份供应链、加强供应商关系管理等。其次,要通过本地化生产,减少对外部供应链的依赖。这包括在关键领域和环节实现自主可控、加强本土产业链建设等。最后,要建立应急储备机制,提高应对突发事件的能力。这包括建立应急物资储备库、制定应急预案、加强应急演练等。

三、绿色发展:生态文明建设与可持续发展

面对全球气候变化的严峻挑战,我国产业必须加快绿色低碳转型,推动生态文明建设与可持续发展。

(一)绿色低碳转型的实施路径

绿色低碳转型是产业高质量发展的必然要求。首先,要推广清洁能源,降低产业活动的碳排放。这包括发展风能、太阳能等可再生能源,提高清洁能源在能源消费中的比重。其次,要发展循环经济,实现资源的循环利用。这包括推广循环经济模式、加强废弃物资源化利用、建立循环经济产业链等。最后,要实施节能减排措施,提高能源利用效率。这包括推广节能技术、加强能源管理、实施节能改造等。

(二)生态文明理念的融入与实践

将生态文明理念融入产业发展全过程是推动绿色发展的重要途径。首先,要将生态文明理念融入产业发展规划,确保产业发展与生态环境保护相协调。这包括在产业发展规划中充分考虑生态环境因素、制定生态环保标准等。其次,要通过政策引导,鼓励企业开展绿色技术创新和绿色生产。这包括提供绿色技术创新支持、制定绿色生产标准、推广绿色产品等。最后,要加强生态文明宣传教育,提高全社会的环保意识和参与度。这包括开展生态文明宣传教育活动、推广绿色生活方式等。

（三）可持续发展模式的探索与创新

可持续发展是产业高质量发展的长期目标。为了实现这一目标，我们需要积极探索可持续发展的产业模式。首先，可以发展循环经济模式，通过提高资源利用效率、延长产品生命周期、促进废弃物资源化利用等方式，实现产业发展的经济、社会和环境效益的有机统一。其次，可以探索共享经济模式，通过共享资源、降低消耗、提高效率等方式，实现产业发展的可持续性。最后，还可以创新产业组织模式，通过发展产业联盟、建立产业生态等方式，推动产业协同发展。

四、开放合作：全球化视野与国际竞争力提升

在全球化背景下，我国产业应更加积极地参与国际分工与合作，提升国际竞争力。

（一）深化国际合作的策略

深化国际合作是推动我国产业高质量发展的重要途径。首先，要加强与国际产业组织的合作与交流，学习借鉴国际先进经验和技术。这包括加入国际产业组织、参与国际标准制定、开展国际产业合作等。其次，要推动跨国投资与贸易，拓展海外市场。这包括鼓励企业"走出去"、加强海外投资保护、推动国际贸易便利化等。最后，要加强与发达国家的科技合作与交流，共同推动全球科技进步和产业发展。这包括开展联合研发项目、建立国际科技合作平台等。

（二）"一带一路"倡议的实施与推进

"一带一路"倡议为我国产业高质量发展带来了重要机遇。为了充分利用这一机遇，我们需要加强与沿线国家的经济合作与产业对接。首先，要加强基础设施建设互联互通，为产业发展提供有力支撑。这包括建设交通、能源、通信等基础设施网络。其次，要推动产能合作与产业转移，实现互利共赢。这包括在沿线国家建设产业园区、开展产能合作项目等。最后，要加强技术转移与人才培养合作，提升沿线国家的产业发展能力。这包括提供技术支持和培训、开展联合研发项

目等。

（三）国际贸易规则的应对与策略

面对国际贸易规则的变化和挑战，我国应积极应对并提升国际竞争力。首先，要加强国际贸易规则的研究与解读能力，及时了解和掌握国际贸易规则的变化和趋势。这包括建立国际贸易规则研究机构、加强与国际贸易组织的合作与交流等。其次，要提高我国产业的国际竞争力，增强对国际贸易规则变化的适应能力和抵御风险的能力。这包括加强技术创新和品牌建设、提高产品质量和服务水平等。最后，要积极参与国际贸易规则的制定和修改过程，维护多边贸易体制的稳定性和公正性。这包括加强与发展中国家的合作与交流、推动国际贸易规则的改革与完善等。

五、政策保障：体制机制改革与政策支持体系构建

为了保障产业高质量发展的顺利实施，我们需要进行体制机制改革并构建完善的政策支持体系。

（一）体制机制改革的深化方向

体制机制改革是推动产业高质量发展的关键。首先，要进一步深化改革开放，破除制约产业高质量发展的体制机制障碍。这包括简化审批程序、降低市场准入门槛、加强知识产权保护等。其次，要加强法治建设，完善产权保护制度，为产业发展提供良好的法治环境。这包括加强法律法规的制定和执行力度、提高司法公正性和效率等。最后，要推动政府职能转变和服务型政府建设，提高政府服务效率和市场活力。这包括加强政府与企业之间的沟通与合作、提高政府服务质量和效率等。

（二）政策支持体系的完善措施

政策支持体系是保障产业高质量发展的重要支撑。为了完善政策支持体系，我们需要采取一系列措施。首先，要构建完善的财政支持政策，为产业发展提供

资金保障。这包括设立产业发展专项资金、提供财政补贴和税收优惠等。其次，要制定优惠的金融政策，降低企业融资成本和创新风险。这包括提供贷款支持、建立风险投资机制等。最后，要加强产业政策与其他政策的协同配合，形成政策合力。这包括加强产业政策与科技政策、环保政策等的衔接与配合等。

（三）市场监管与公平竞争的维护

市场监管和公平竞争是保障产业高质量发展的重要环节。为了维护市场秩序和公平竞争环境，我们需要采取一系列措施。首先，要加强市场监管力度，打击不正当竞争行为。这包括加强市场巡查、建立举报奖励机制等。其次，要加强知识产权保护力度，维护创新者的合法权益。这包括加强知识产权法律法规的制定和执行力度、提高知识产权侵权成本等。最后，要鼓励消费者和社会各界参与市场监管，形成全社会共同监督的良好氛围。这包括加强消费者权益保护、建立社会监督机制等。

第六章

我国未来产业高质量发展的实践探索

第一节 数字孪生与元宇宙驱动的虚实融合制造赋能制造业高质量发展研究

一、研究背景

随着科技的飞速发展,制造业正面临着前所未有的变革。数字孪生和元宇宙作为新兴的数字化技术,为制造业的转型升级提供了新的契机。数字孪生技术通过构建物理世界的虚拟副本,实现了对物理对象的精准模拟和预测;而元宇宙则构建了一个包含多个 3D 虚拟世界的综合网络空间,为用户提供了沉浸式的交互体验。二者的结合,即虚实融合制造,有望为制造业的高质量发展注入新的动力。

数字孪生与元宇宙驱动的虚实融合制造是一种新型的制造模式,它将数字孪生技术和元宇宙概念相结合,实现物理制造过程与虚拟制造过程的深度融合。在这种制造模式中,数字孪生技术被用来构建物理制造过程的虚拟模型,该模型能够实时反映物理制造过程的状态和变化。通过收集制造现场的各种数据,包括设备状态、环境参数、生产进度等,利用先进的建模技术构建数字孪生模型,从而实现对物理制造过程的虚拟仿真[①]。元宇宙作为一个共享的、可扩展的 3D 空间,为数字孪生模型提供了一个理想的运行环境。通过将数字孪生模型导入元宇宙环境中,制造过程的虚拟仿真可以在元宇宙中实现。这样,制造人员可以在元宇宙中对制造过程进行实时监控、分析和优化,以发现潜在的问题并采取相应的措施。虚实融合是数字孪生与元宇宙驱动的虚实融合制造的核心特点。通过实时数据交互,物理制造过程与虚拟制造过程被深度融合起来。这意味着在元宇宙中进行的虚拟仿真可以实时反映物理制造过程的实际情况,并且虚拟环境中的优化策略可以被实时应用到物理制造过程中,从而实现智能化改造和数字化转型。

在技术进步、市场需求以及国际竞争的多重驱动下,制造业正处于一个转型升级的关键节点。然而,虚实融合制造在制造业中的应用仍处于初级阶段,其动

---

① 郑诚慧.元宇宙关键技术及与数字孪生的异同[J].网络安全技术与应用,2022(9):124-126.

力机制和支持体系尚不明确。本书旨在通过深入研究数字孪生与元宇宙驱动的虚实融合制造赋能制造业高质量发展的动力机制、支持体系与实施策略,丰富和完善相关理论体系,为制造业的数字化转型提供理论支撑,并提出一套切实可行的实施策略,指导制造企业在实践中有效应用数字孪生和元宇宙技术,推动虚实融合制造和高质量发展,提升企业的核心竞争力。最终目的是通过虚实融合制造赋能制造业高质量发展,以满足市场多元化需求,提升产业竞争力,并助力实现制造业的可持续发展。

二、数字孪生与元宇宙驱动的虚实融合制造赋能制造业高质量发展的理论框架

数字孪生与元宇宙驱动的虚实融合制造是当前工业制造领域中的前沿技术趋势,它们共同推动着制造业向更高质量、更智能化、更灵活的生产方式转变。数字孪生与元宇宙驱动的虚实融合制造的内涵在于通过数字孪生和元宇宙技术的结合应用,实现物理世界与虚拟世界的深度融合,为制造业的转型升级和高质量发展提供新的动力和路径。

首先,数字孪生是通过数字模型将物理对象在虚拟空间中进行精确复制和模拟的过程[①]。在制造业中,这意味着可以构建出产品的虚拟副本,从而在产品设计、生产流程以及设备维护等方面进行优化和改进。数字孪生技术使得制造企业能够在虚拟环境中模拟和预测实际生产过程中的各种情况,从而提高生产效率、降低生产成本并提升产品质量。其次,元宇宙是一个由无数个 3D 虚拟空间组成的网络,人们可以在其中进行各种社交、娱乐、商业等活动。在制造业中,元宇宙可以构建一个虚拟的工厂环境,让用户在虚拟空间中模拟设备操作、生产流程等活动[②]。元宇宙为制造业提供了一个沉浸式的、可交互的虚拟展示和体验平台,帮助企业更好地了解市场需求,优化产品设计,并提高市场竞争力[③]。虚实融合

---

① 刘青,刘滨,王冠,等.数字孪生的模型、问题与进展研究[J].河北科技大学学报,2019,40(1):67-78.
② 张爱军,周杨.元宇宙与虚拟空间共同体的建构[J].行政论坛,2022,29(4):21-28.
③ 林立.元宇宙图书馆 3D/VR 资源建设与服务:以美国图书馆 3D/VR 资源服务项目为例[J].图书馆论坛,2023,43(6):124-132.

制造则是数字孪生与元宇宙技术在制造业中的结合应用。它将虚拟世界中的数据和信息与物理世界中的实际生产过程相融合,实现了生产过程的智能化和灵活化[①]。虚实融合制造不仅提高了生产过程的可视化和透明度,还使得制造企业能够在实际生产过程中做出更精准的决策,从而优化生产流程、降低能耗并提高资源利用率。

本研究根据数字孪生与元宇宙驱动的虚实融合制造的内涵,提出数字孪生与元宇宙驱动的虚实融合制造赋能制造业高质量发展的理论框架,如图 6-1 所示。该理论框架包括四个部分内容,分别是:数字孪生与元宇宙驱动的虚实融合制造的全生命周期、数字孪生与元宇宙驱动的虚实融合制造赋能制造业高质量发展的动力机制、支持体系与实施策略。

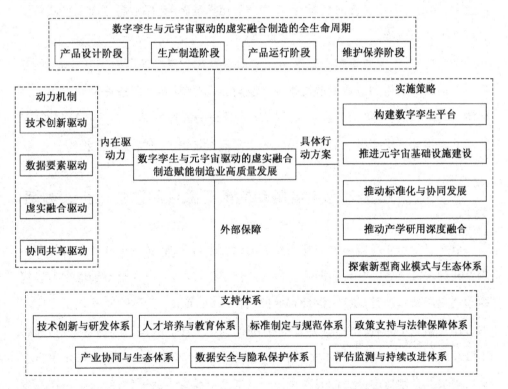

图 6-1 数字孪生与元宇宙驱动的虚实融合制造赋能制造业高质量发展的理论框架

---

① 冯琦琦,董志明,彭文成,等.几种典型的虚实融合技术发展研究[J].系统仿真学报,2023,35(12):2497-2511.

数字孪生与元宇宙在制造业中的应用，为虚实融合制造提供了强大的技术支撑和发展空间，从而有力推动制造业的高质量发展。在这一进程中，动力机制、支持体系和实施策略构成了三个核心要素，它们相互关联、相互作用，共同推动着制造业的转型升级。动力机制是虚实融合制造发展的内在驱动力，它主要包括技术创新驱动、数据要素驱动、虚实融合驱动和协同共享驱动等方面。支持体系是虚实融合制造发展的外部保障，它涵盖了技术创新与研发体系、人才培养与教育体系、标准制定与规范体系、政策支持与法律保障体系、产业协同与生态体系、数据安全与隐私保护体系、评估监测与持续改进体系等方面。实施策略是实现虚实融合制造发展目标的具体行动方案，它包括构建数字孪生平台、推进元宇宙基础设施建设、推动标准化与协同发展、推动产学研用深度融合、探索新型商业模式与生态体系等五个方面。

动力机制、支持体系和实施策略在推动虚实融合制造发展中相互关联、相互作用。动力机制为制造业发展提供内在驱动力，支持体系为制造业发展提供外部保障，实施策略则是将动力机制和支持体系转化为具体行动方案的桥梁和纽带。三者共同构成了虚实融合制造赋能制造业高质量发展的完整框架体系。

三、数字孪生与元宇宙驱动的虚实融合制造的全生命周期

数字孪生与元宇宙驱动的虚实融合制造全生命周期，实现了从产品设计到维护保养的全方位虚拟与现实融合。借助数字孪生技术，可以在虚拟环境中精确模拟和优化产品的设计、生产、运行和维护过程；而元宇宙则为这一过程提供了广阔的协作与创意空间，使得制造更加高效、智能和个性化。通过这种融合，制造业得以跨越传统界限，实现更高水平的创新、质量和用户体验。数字孪生与元宇宙驱动的虚实融合制造的全生命周期是一个复杂且充满潜力的过程，涵盖了从产品设计、生产、运行到维护的各个环节。表6-1展示了数字孪生与元宇宙驱动的虚实融合制造的全生命周期及应用案例。

表6-1 数字孪生与元宇宙驱动的虚实融合制造的全生命周期及应用案例

阶段	描述	数字孪生技术应用	元宇宙应用	应用案例
产品设计阶段	在虚拟环境中创建产品的三维模型,进行仿真测试以优化产品设计	创建虚拟原型,进行结构、功能和性能仿真	设计师在元宇宙中协作,共享创意空间	汽车制造商使用数字孪生技术设计新款车型,在元宇宙中与其他设计师实时协作,共同完善设计
生产制造阶段	实时监测生产线的运行状态,预测并提前解决潜在问题	生产线模拟与优化,预测性维护	虚拟工厂模拟实际生产环境,优化生产流程	智能制造企业利用数字孪生技术监测生产线状态,元宇宙中的虚拟工厂用于培训和优化生产流程
产品运行阶段	实时监测产品的运行状态,提供故障预警和诊断服务	远程监控与故障诊断	虚拟产品与实际产品数据互通,提供增值服务	智能家居企业通过数字孪生技术监测家居设备运行状态,元宇宙中的虚拟家居产品提供用户定制和体验服务
维护保养阶段	为产品提供精准的维护保养计划,延长产品使用寿命	预测性维护与保养计划	虚拟服务提供远程维护支持	飞机制造商利用数字孪生技术为飞机提供精准的维护保养计划,元宇宙中的虚拟服务用于远程故障诊断和维修支持

从产品设计阶段的初步构想到维护保养阶段的最终环节,数字孪生技术与元宇宙的深度融合贯穿了制造的全生命周期,为现代制造业带来了前所未有的变革与提升[1]。在产品设计阶段,数字孪生技术让设计师能够在虚拟环境中自由构建

---

[1] 苗田,张旭,熊辉,等.数字孪生技术在产品生命周期中的应用与展望[J].计算机集成制造系统,2019,25(6):1546-1558.

产品的三维模型，进行各种仿真测试，从而在设计初期就预测产品的性能与表现，实现设计的优化和完善。与此同时，元宇宙作为一个开放、共享的虚拟世界，为设计师提供了更加广阔的创意空间与协作平台，让他们可以与其他设计师无缝对接，共同打磨出更加出色的产品设计。进入生产制造阶段，数字孪生技术的实时监测与预测维护功能确保生产线的稳定运行与高效产出。通过实时收集与分析生产线上的数据，数字孪生技术能够及时发现潜在问题并提前进行干预，有效避免生产中断与资源浪费。而元宇宙中的虚拟工厂则为生产流程的优化提供了强大的支持，它能够在虚拟环境中模拟整个生产过程，帮助制造商找到最佳的生产配置与流程安排，从而显著提高生产效率与降低成本。当产品投入运行后，数字孪生技术继续发挥着其强大的监测与诊断能力，确保产品的稳定运行与用户的良好体验。元宇宙中的虚拟产品则与现实世界中的实际产品实现数据互通与互动，为用户提供更加丰富、个性化的使用体验与服务。而在维护保养阶段，数字孪生技术能够为产品提供精准的维护保养计划与建议，元宇宙中的虚拟服务则能够为用户提供远程、便捷的维护支持，共同延长产品的使用寿命并降低维护成本。

四、数字孪生与元宇宙驱动的虚实融合制造赋能制造业高质量发展的动力机制

数字孪生与元宇宙驱动的虚实融合制造在制造业高质量发展中扮演着重要角色。它们不仅改变了传统制造业的生产方式，还通过其特有的动力机制为制造业的高质量发展提供了强大的驱动力。随着信息技术的快速发展，数字孪生与元宇宙等前沿技术逐渐融入制造业，推动了制造业的数字化转型。数字孪生通过构建虚拟世界的镜像，实现了物理世界与数字世界的深度融合；而元宇宙则通过创建虚拟共享空间，为制造业提供了全新的生产方式和商业模式。这些技术的融合应用，为制造业的高质量发展注入了新的动力。其动力机制主要表现在以下四个方面。

（一）技术创新驱动：赋能制造业高质量发展的核心引擎

在数字孪生与元宇宙的融合背景下，技术创新成为推动制造业高质量发展的

核心驱动力。这种创新不仅体现在单一技术的突破上,更在于多种技术的交叉融合和应用模式创新。

首先,数字孪生技术通过高精度建模、仿真和数据分析,为制造业提供了前所未有的虚拟仿真环境。在这种环境下,制造企业可以在产品设计和生产阶段就进行全方位的模拟测试,从而在产品投放市场前发现潜在问题并进行优化。这种"先试后造"的模式大大提高了产品质量和生产效率,减少了资源浪费①。

其次,元宇宙作为虚拟世界的延伸,为制造业提供了全新的交互和协作平台。通过元宇宙,不同地域、不同领域的专家可以实时参与产品设计、生产流程的讨论和改进,实现真正意义上的全球协同制造②。这种跨地域、跨行业的合作模式打破了传统制造业的边界,加速了知识和技术的传播与应用。

再次,技术创新还体现在对制造过程中各种复杂问题的智能化解决上。利用人工智能、机器学习等先进技术,制造企业可以对生产数据进行深度挖掘和分析,实现生产过程的自动化、智能化和精准化控制。这不仅提高了生产效率,还降低了对人工的依赖,提升了制造业的整体竞争力。

最后,技术创新还推动了制造业服务模式的创新。在数字孪生和元宇宙的赋能下,制造企业可以为客户提供更加个性化、定制化的产品和服务。通过收集和分析客户的使用数据,企业可以实时了解客户需求并进行快速响应,从而提供更加贴心、高效的服务体验。

因此,技术创新在数字孪生与元宇宙驱动的虚实融合制造中发挥着至关重要的作用。它不仅为制造业提供了全新的生产工具和协作平台,还推动了制造业生产模式和服务模式的创新,为制造业的高质量发展注入了强大的动力。

(二) 数据要素驱动:赋能制造业高质量发展的关键引擎

在数字经济时代,数据已经成为一种新的生产要素,对于制造业的高质量发展具有至关重要的意义。数字孪生与元宇宙驱动的虚实融合制造为制造业高质量发展提供了强大的动力,其中数据要素驱动是这一动力机制中的核心组成

---

① 周祖德,姚碧涛.数字制造的科学体系与技术架构[J].机械工程学报,2023,59(19):126-151.
② 刘兆明.作为人机交互范式的元宇宙:历史考察与模型构建[J].上海师范大学学报(哲学社会科学版),2023,52(5):93-105.

部分。

在虚实融合制造中,数据要素指的是生产过程中产生的各种数据,包括但不限于生产数据、设备数据、产品数据、市场数据、用户反馈数据等[1]。这些数据是制造业实现高质量发展的重要资源,它们蕴含着丰富的信息和价值,能够为企业提供决策支持、优化生产流程、提高产品质量等方面的帮助。数据要素驱动的作用机制有以下四个方面:

1. 数据采集与整合

在虚实融合制造中,通过各种传感器、设备和系统,实时采集生产过程中的各种数据,并将这些数据整合到一个统一的数据平台中。这使得企业能够全面、准确地了解生产状况,及时发现和解决问题。

2. 数据分析与优化

通过对采集到的数据进行深入分析,企业可以洞察生产过程中的瓶颈、浪费和潜在风险,从而制定相应的优化措施。例如,通过分析设备数据,可以预测设备的维护时间和更换周期,避免生产中断;通过分析产品数据,可以了解产品的质量和性能,及时进行改进和升级。

3. 数据驱动的决策

在虚实融合制造中,数据成为企业决策的重要依据。通过数据驱动的决策,企业可以更加精准地制定生产计划、市场策略和产品规划,提高决策的科学性和有效性。

4. 数据共享与协作

在元宇宙的框架下,数据可以实现跨地域、跨企业的共享和协作。这使得不同企业之间可以共同利用数据资源,进行联合研发、生产和市场推广,实现互利共赢。

在虚实融合制造中,数据采集与整合、数据分析与优化、数据驱动的决策以及数据共享与协作,这四个方面共同构成了数据要素驱动的核心机制。通过这一机

---

[1] 高富平,冉高苒.数据要素市场形成论:一种数据要素治理的机制框架[J].上海经济研究,2022,34(9):70-86.

制,企业不仅能够实时、全面地掌握生产状况,洞察潜在问题,还能够依据数据做出科学决策,实现生产流程的优化和产品质量的提升。同时,借助元宇宙的框架,数据的跨地域、跨企业共享与协作成为可能,进一步促进了制造业的创新发展和互利共赢。因此,数据要素驱动是数字孪生与元宇宙驱动的虚实融合制造赋能制造业高质量发展的重要动力机制之一。

(三) 虚实融合驱动:赋能制造业转型与升级的新动力

虚实融合,即将虚拟技术与实际物理环境相结合,为制造业带来了前所未有的变革。这种融合不仅改变了传统制造业的生产模式,还通过提供全新的交互方式、增强现实体验和智能化决策支持,为制造业的高质量发展注入了新的活力。

首先,虚实融合技术为制造业提供了更加直观和高效的设计与生产工具。通过虚拟现实(VR)和增强现实(AR)技术,设计师可以在三维空间中模拟产品的外观、功能和性能,实现更加精准和快速的设计迭代[①]。同时,生产人员可以在虚拟环境中模拟生产流程,优化生产线布局,提高生产效率。这种虚实融合的设计与生产模式大大缩短了产品从设计到生产的周期,降低了成本,提高了质量。

其次,虚实融合技术为制造业带来了全新的服务模式。通过远程 AR 技术支持,企业可以为客户提供实时的产品演示、维修指导和培训服务,打破地域限制,提高服务效率和质量。此外,基于虚拟仿真的产品体验店可以让客户在购买前更加直观地了解产品的特点和功能,提升购物体验,促进销售增长。

再次,虚实融合技术还为制造业提供了智能化的决策支持。通过收集和分析虚拟环境中的大量数据,企业可以更加准确地预测市场需求、制订生产计划、优化库存管理。同时,基于虚拟仿真的风险评估和应急预案制定可以帮助企业及时应对各种突发事件,保障生产安全稳定。

最后,虚实融合技术还有助于推动制造业的绿色可持续发展。通过虚拟仿真技术,企业可以对生产过程中的能源消耗、废料产生等环节进行模拟和优化,降低资源消耗和环境污染。同时,基于物联网技术的智能生产管理系统可以实现设备之间的互联互通和智能协作,提高能源利用效率和设备维护水平,进一步推动制

---

① 宁瑞忻,朱尊杰,邵碧尧,等.基于视觉的虚拟现实与增强现实融合技术[J].科技导报,2018,36(9):25-31.

造业的绿色可持续发展。

总之,虚实融合驱动是制造业转型与升级的新动力。通过提供更加直观和高效的设计与生产工具、创新服务模式、智能化决策支持和推动绿色可持续发展等方式,虚实融合技术为制造业的高质量发展注入新的活力。

(四)协同共享驱动:赋能制造业转型与升级的新范式

在数字孪生与元宇宙技术的共同作用下,制造业正迎来一场虚实融合的变革。这种变革不仅改变了传统制造业的生产模式,还通过协同共享驱动为制造业的高质量发展注入了新的动力。在这个虚实融合的制造环境中,协同共享驱动作为一种全新的转型与升级范式,成为推动制造业高质量发展的核心动力。具体表现在以下几个方面:

1. 资源协同共享

通过数字孪生技术,企业可以精确掌握各种资源的使用情况和需求变化。在元宇宙的共享空间中,企业可以实时发布资源需求信息,寻找合作伙伴进行资源共享。这种资源协同共享不仅降低了企业的运营成本,还提高了资源的利用效率。

2. 知识协同共享

在虚实融合的制造环境中,企业之间的知识交流和学习变得更加便捷。通过数字孪生技术,企业可以将自身的知识和经验以虚拟化的形式进行共享。在元宇宙中,企业可以创建虚拟的学习空间,邀请专家进行讲座、培训等活动,促进知识的传播和应用。

3. 创新协同共享

虚实融合的制造环境为企业提供了更加广阔的创新空间。通过数字孪生技术,企业可以在虚拟环境中进行各种创新实验,验证新想法的可行性和效果。在元宇宙中,企业可以组建虚拟的创新团队,汇聚全球的创新资源,共同开展研发项目,推动产品和技术的创新。

数字孪生与元宇宙驱动的虚实融合制造通过协同共享驱动的动力机制为制造业的高质量发展注入了新的活力。在数字孪生与元宇宙的交融之下,制造业正历经一场前所未有的变革,实现了虚拟与现实的深度结合。这种变革不仅重塑了传统生产流程,更重要的是,它通过资源、知识和创新的协同共享,为制造业注入了强劲的新动力,推动了行业向高质量、高效率的方向发展。这种协同共享模式不仅优化了资源配置、促进了知识传播,还激发了创新活力,为制造业的未来开辟了无限可能。

五、数字孪生与元宇宙驱动的虚实融合制造赋能制造业高质量发展的支持体系

在制造业迎来数字化转型的时代背景下,数字孪生与元宇宙技术作为前沿的创新力量,正深刻改变着传统制造模式。为了充分发挥这两项技术的潜力并推动制造业实现高质量发展,一个全面、系统且协同的支持体系显得尤为关键。表6-2详细列出了这一支持体系的核心组成部分,包括技术创新与研发体系、人才培养与教育体系、标准制定与规范体系、政策支持与法律保障体系、产业协同与生态体系、数据安全与隐私保护体系以及评估监测与持续改进体系等七大体系,并具体阐述了它们在制造业中的应用实现。这一综合性的支持体系将为数字孪生与元宇宙驱动的虚实融合制造提供坚实保障,推动制造业在数字化、智能化转型道路上迈出坚实的步伐。

表6-2 数字孪生与元宇宙驱动的虚实融合制造赋能制造业高质量发展的支持体系

体系名称	内容概述	具体的应用实现
技术创新与研发体系	推动制造业高质量发展的核心引擎,强化基础研究、应用研究和技术创新	1. 整合研究机构、高校、企业和政府资源。2. 聚焦数字孪生和元宇宙等前沿技术的研发。3. 加速技术成果转化,构建产学研用紧密结合的创新生态
人才培养与教育体系	制造业高质量发展的关键支撑,培养复合型创新人才	1. 构建多层次、多元化的教育培养框架。2. 整合教育资源,打造产教融合、校企合作的人才培养模式。3. 培养掌握先进制造和数字孪生、元宇宙技术的人才

续表 6-2

体系名称	内容概述	具体的应用实现
标准制定与规范体系	支撑制造业高质量发展的重要基石,构建统一、完善的标准与规范	1. 汇集行业专家、研究机构和企业实践者智慧。2. 制定涵盖技术接口、数据格式、模型精度等要素的标准。3. 确保数字孪生和元宇宙技术在制造业中的一致性、互操作性和安全性
政策支持与法律保障体系	制造业高质量发展的重要推手和坚强后盾,提供政策引导和法律保障	1. 制定前瞻性、针对性的政策措施和法律法规条款。2. 鼓励技术创新和产业升级,优化市场环境。3. 加强知识产权保护,确保虚实融合制造的健康发展
产业协同与生态体系	促进产业链上下游企业紧密合作与协同创新,形成良好生态	1. 整合各类资源要素,促进产业链上下游企业合作。2. 数字孪生和元宇宙技术串联起研发设计、生产制造、营销服务等环节。3. 政府、行业协会、科研机构等提供全方位服务
数据安全与隐私保护体系	确保数据资产安全和用户隐私不受侵犯的关键保障	1. 采用先进的加密技术、访问控制机制和数据脱敏手段。2. 构建全方位、多层次的数据安全防护网。3. 制定严格的隐私政策和监管措施,确保用户数据合法、合规处理
评估监测与持续改进体系	科学、系统、动态的管理机制,实时跟踪和评估制造业应用过程	1. 建立全面的评估指标体系和监测机制。2. 实时跟踪和评估数字孪生和元宇宙技术在制造业的应用。3. 结合反馈和数据分析,制定改进措施和优化方案,并持续推动改进工作

构建数字孪生与元宇宙驱动的虚实融合制造赋能体系,是推动制造业高质量发展的关键举措。通过技术创新与研发、人才培养与教育、标准制定与规范、政策支持与法律保障、产业协同与生态、数据安全与隐私保护以及评估监测与持续改进等全方位协同发力,数字孪生与元宇宙技术将为制造业注入新的活力,推动其实现更高质量、更可持续的发展。这七大体系作为这一赋能体系的重要组成部

分,共同支撑着制造业在数字化、智能化转型道路上的稳步前行。以下是七大体系的具体阐述:

(一)技术创新与研发体系

数字孪生与元宇宙驱动的虚实融合制造的技术创新与研发体系,是推动制造业高质量发展的核心引擎。该体系通过整合研究机构、高校、制造企业和政府等多方资源,强化基础研究、应用研究和技术创新,加速成果转化,构建产学研用紧密结合的创新生态。它以市场需求为导向,聚焦数字孪生和元宇宙等前沿技术的研发与应用,旨在提升制造业的数字化、智能化水平,增强企业核心竞争力,实现制造业的持续创新和高质量发展。

(二)人才培养与教育体系

数字孪生与元宇宙驱动的虚实融合制造的人才培养与教育体系,是制造业高质量发展的关键支撑。该体系通过构建多层次、多元化的教育培养框架,整合教育资源,打造产教融合、校企合作的人才培养模式,旨在培养既掌握先进制造技术,又精通数字孪生、元宇宙等新一代信息技术的复合型创新人才。这不仅能够为制造业注入新鲜血液,提升行业整体创新能力和竞争力,更将推动制造业在数字化、智能化转型道路上实现跨越式发展。

(三)标准制定与规范体系

数字孪生与元宇宙驱动的虚实融合制造的标准制定与规范体系,是支撑制造业高质量发展的重要基石。通过汇集行业专家、研究机构和企业实践者等多方智慧,该体系致力于构建统一、完善的标准与规范,以确保数字孪生和元宇宙技术在制造业应用中的一致性、互操作性和安全性。这些标准与规范不仅涵盖了技术接口、数据格式、模型精度等关键要素,还涉及操作流程、质量控制和安全管理等方面,为虚实融合制造的顺利实施提供了有力保障,促进了制造业的创新发展和转型升级。

（四）政策支持与法律保障体系

数字孪生与元宇宙驱动的虚实融合制造的政策支持与法规保障体系，是制造业高质量发展的重要推手和坚强后盾。通过制定一系列前瞻性、针对性的政策措施和法律法规条款，该体系为数字孪生和元宇宙技术在制造业的广泛应用提供了有力的政策引导和法律保障。这些政策与法规不仅鼓励技术创新和产业升级，还优化了市场环境，加强了知识产权保护，确保了虚实融合制造的健康发展，为制造业的数字化转型和智能化升级奠定了坚实基础。

（五）产业协同与生态体系

数字孪生与元宇宙驱动的虚实融合制造赋能制造业高质量发展的产业协同与生态体系，是一个由多元参与主体共同构建的复杂网络。这个体系通过促进产业链上下游企业间的紧密合作与协同创新，整合各类资源要素，形成了互利共赢、共同发展的良好生态。在这个生态中，数字孪生和元宇宙技术作为关键纽带，有效串联起研发设计、生产制造、营销服务等各个环节，推动了制造业的数字化转型和智能化升级。同时，政府、行业协会、科研机构等多方力量也积极参与其中，提供政策支持、标准制定、技术研发等全方位服务，共同推动制造业高质量发展。

（六）数据安全与隐私保护体系

数字孪生与元宇宙驱动的虚实融合制造的数据安全与隐私保护体系，是确保制造业在数字化转型过程中数据资产安全、用户隐私不受侵犯的关键保障。该体系通过采用先进的加密技术、访问控制机制和数据脱敏手段，构建起全方位、多层次的数据安全防护网，有效防止数据泄露、篡改和滥用等风险。同时，该体系还注重隐私保护，尊重用户个人信息的合法权益，通过制定严格的隐私政策和监管措施，确保用户数据在收集、存储、处理和使用等各个环节都得到合法、合规的处理，为制造业高质量发展提供坚实的数据安全保障。

（七）评估监测与持续改进体系

数字孪生与元宇宙驱动的虚实融合制造赋能制造业高质量发展的评估监测

与持续改进体系,是一套科学、系统、动态的管理机制。该体系通过建立全面的评估指标体系和监测机制,对数字孪生和元宇宙技术在制造业应用的全过程进行实时跟踪和评估,及时发现存在的问题和瓶颈。同时,结合反馈信息和数据分析结果,制定针对性的改进措施和优化方案,并持续推动改进工作的落实和执行。这种闭环管理的方式不仅有助于提升制造业的效率和质量,还能促进技术的不断创新和升级,为制造业高质量发展提供持续的动力和保障。

六、数字孪生与元宇宙驱动的虚实融合制造赋能制造业高质量发展的实施策略

随着数字技术的飞速发展,数字孪生与元宇宙已逐渐从概念走向实际应用,成为推动制造业转型升级、实现高质量发展的关键力量。为全面把握这一历史性机遇,制造业及相关领域必须深入探讨并实施一系列针对性策略,从而确保在激烈的全球竞争中立于不败之地。本书将详细阐述构建数字孪生平台、推进元宇宙基础设施建设、推动标准化与协同发展、促进产学研用深度融合以及探索新型商业模式与生态体系这五大核心策略,共同描绘出制造业未来的宏伟蓝图。这些策略不仅构成了数字孪生与元宇宙驱动下的虚实融合制造的核心框架,也为制造业的未来发展指明了方向。

(一)构建数字孪生平台

数字孪生平台是实现虚实融合制造的基础,需要整合物联网、大数据、云计算等信息技术,实现制造过程的全面数字化和虚拟化。该平台应具备数据采集、处理、分析和可视化等功能,以支持对制造过程的实时监控、优化和决策。

数字孪生与元宇宙驱动的虚实融合制造为制造业高质量发展注入了新的活力,其实施策略的核心在于构建数字孪生平台。该平台以物理对象为基础,通过高精度数据采集、整合与处理技术,构建出精准的数字孪生模型,实现物理世界与虚拟世界的无缝对接。在此基础上,平台提供实时监控、数据分析、预测维护等功能,助力制造业实现智能化、高效化生产。通过这一策略的实施,企业不仅能够优化生产流程、提高产品质量、降低运营成本,还能够开创新的商业模式,增强市场

竞争力[1]。同时，数字孪生平台的构建也促进了制造业与互联网、大数据、人工智能等产业的深度融合，推动了制造业的转型升级和高质量发展。

因此，构建数字孪生平台是数字孪生与元宇宙驱动的虚实融合制造赋能制造业高质量发展的关键所在，也是未来制造业发展的重要趋势和方向。通过不断完善和优化数字孪生平台，制造业将实现更加智能化、高效化、绿色化的发展，为全球经济的持续增长注入新的动力。在这一过程中，企业需紧密合作、共同创新，形成数字孪生和元宇宙驱动的虚实融合制造生态体系，共同推动制造业的繁荣发展。

（二）推进元宇宙基础设施建设

元宇宙作为虚实融合制造的重要载体，需要完善的基础设施来支持。包括构建高速、低延迟的网络环境，提升计算能力和存储能力，以及开发虚拟现实、增强现实等交互技术，为用户提供沉浸式的制造体验[2]。

推进元宇宙基础设施建设是实现数字孪生与元宇宙技术在制造业中广泛应用和深度融合的先决条件。这一策略的实施旨在构建一个高度逼真、实时交互、智能响应的虚拟环境，以无缝连接物理世界和数字世界，为制造业提供全新的生产工具和创新平台。在硬件层面，元宇宙基础设施的建设需要大幅提升计算能力，以支撑庞大且复杂的数字孪生模型的实时渲染和分析。同时，网络传输技术的升级也是关键，低延迟、高带宽的网络连接将确保数据的即时同步和高效流通。此外，数据存储的扩容和优化对于处理海量数据至关重要，以保障数字孪生系统的稳定运行和持续扩展。在技术应用层面，元宇宙基础设施的融合创新是推动制造业高质量发展的核心。虚拟现实、增强现实和混合现实等技术的深度融合，将为制造业提供更为直观、沉浸式的交互体验，使设计师、工程师和操作人员能够在虚拟环境中进行实时协作和模拟操作。这将极大地提升产品设计的创新性、生产流程的灵活性和设备维护的预见性。

通过推进元宇宙基础设施建设，制造业将实现更加智能化、精细化的生产方

---

[1] 郭磊,张红旗,程五四,等.基于数据驱动的数字孪生技术研究现状与展望[J].机械,2023,50(7)：1-10.

[2] 杨阳,钟振宇,王翔,等.工业元宇宙实践与思考[J].新型工业化,2024,14(1)：20-28.

式。数字孪生技术的广泛应用将使企业能够对生产过程进行全面优化和精确控制，从而降低能耗、减少浪费、提高资源利用效率。同时，元宇宙平台上的数据分析和模拟预测功能将帮助企业更好地洞察市场需求和变化趋势，以快速响应和满足客户需求。此外，元宇宙基础设施的建设还将促进制造业与其他产业的跨界融合与创新发展。通过与互联网、大数据、人工智能等产业的深度融合，制造业将能够开创新的商业模式和服务模式，拓展新的市场空间和增长机遇。

因此，推进元宇宙基础设施建设是数字孪生与元宇宙驱动的虚实融合制造赋能制造业高质量发展的关键路径。通过构建强大、智能的元宇宙基础设施，制造业将迎来前所未有的转型升级和创新发展机遇，为全球经济的持续增长和可持续发展作出重要贡献。

（三）推动标准化与协同发展

为实现虚实融合制造的广泛应用和深度融合，需要推动相关标准的制定和完善，包括数据标准、接口标准、安全标准等，以促进不同系统之间的互联互通和协同工作。同时，加强产学研用各方的合作与交流，共同推动制造业的创新发展。

数字孪生与元宇宙驱动的虚实融合制造为制造业注入了新的活力，而推动标准化与协同发展则是实现高质量发展的关键实施策略。标准化能够确保数字孪生和元宇宙技术在制造业中的统一应用和规范发展，促进不同系统、不同平台之间的互联互通和数据共享。通过制定统一的标准体系，包括数据格式、接口规范、通信协议等，可以降低技术研发和推广的难度，提高技术的普及率和应用效果。同时，协同发展强调产业链上下游企业之间的紧密合作和资源整合，形成数字孪生和元宇宙驱动的虚实融合制造生态体系。通过协同发展，可以实现技术研发、产品设计、生产制造、市场营销等各个环节的有机衔接和高效协同，提升整个产业链的竞争力和创新能力。因此，推动标准化与协同发展是数字孪生与元宇宙驱动的虚实融合制造赋能制造业高质量发展的重要策略，需要政府、企业、科研机构等多方共同参与和努力，形成合力，共同推动制造业的转型升级和高质量发展。这将有助于提升制造业的智能化、绿色化、服务化水平，增强制造业的核心竞争力和可持续发展能力，为全球经济的增长注入新的动力。

(四)促进产学研用深度融合

数字孪生与元宇宙驱动的虚实融合制造为制造业的高质量发展揭开了新的篇章,而促进产学研用深度融合则是其重要的实施策略。产学研用深度融合意味着将产业界的实际需求、学术界的创新研究、教育机构的人才培养以及社会各界的广泛应用紧密地结合在一起,形成一个有机互动、相互促进的生态系统。

在这一过程中,产业界提供丰富的实践场景和市场需求,为学术界的研究提供方向和目标;学术界则通过前沿的技术研究和创新成果,为产业界提供源源不断的技术支持和解决方案。同时,教育机构作为人才培养的摇篮,为产业界和学术界输送具备数字孪生和元宇宙技术能力的专业人才。而社会各界的广泛应用和反馈,则不断推动技术的迭代和优化,形成良性循环。

通过促进产学研用深度融合,数字孪生与元宇宙驱动的虚实融合制造能够更好地赋能制造业高质量发展。这不仅能够加速技术的研发和应用,提高制造业的智能化、高效化水平,还能够促进产业结构的优化和升级,培育新的增长点和竞争优势。同时,这种深度融合还有助于形成开放、协同、创新的良好机制,激发全社会的创造力和创新活力,为制造业的可持续发展注入强大动力。

(五)探索新型商业模式与生态体系

数字孪生与元宇宙驱动的虚实融合制造为制造业的蜕变和扩展提供了新的路径,其中探索新型商业模式与生态体系是赋能制造业高质量发展的关键实施策略。这一策略的核心在于打破传统制造业的商业模式束缚,通过数字孪生和元宇宙技术的深度融合,创造出全新的价值网络和生态系统。在这个新型生态体系中,制造业企业不再仅仅是产品的生产者和提供者,而是转变为解决方案的创造者和平台的运营者。通过与虚拟世界的无缝对接,企业能够以前所未有的方式提供个性化、定制化的产品和服务,满足消费者日益多样化的需求。

同时,这种新型商业模式也促进了制造业与其他产业的跨界融合,形成了更加紧密、协同的产业生态链。在元宇宙的广阔空间中,制造业与互联网、大数据、人工智能等产业的深度融合成为可能,催生出全新的商业模式和业态。这些新业态不仅能够提供更加丰富、更加智能的产品和服务,还能够为制造业企业带来更高的附加值和利润空间。

因此,探索新型商业模式与生态体系是数字孪生与元宇宙驱动的虚实融合制造赋能制造业高质量发展的重要方向。通过这一策略的实施,制造业将迎来前所未有的商业机遇和创新空间,为全球经济的持续增长注入新的活力。

七、未来展望

展望未来,数字孪生与元宇宙驱动的虚实融合制造将继续推动制造业的高质量发展。随着技术的不断进步和创新,数字孪生平台将更加智能化、精准化,元宇宙基础设施将更加完善、强大。同时,标准化与协同发展将进一步加强,产学研用深度融合将成为常态,新型商业模式与生态体系将不断涌现。

在这个过程中,制造业企业需要紧密跟踪技术发展趋势,加强技术研发和创新投入,不断提升自身的核心竞争力。同时,政府、学术界和其他社会各界也需要加强合作与交流,共同推动数字孪生与元宇宙技术在制造业中的广泛应用和深度融合,为全球经济的持续增长注入新的活力。

第二节 智能化改造和数字化转型背景下江苏打造先进制造业集群的路径研究

一、研究背景

当前,全球经济正处于深度调整期,制造业面临着前所未有的挑战和机遇。以人工智能、大数据、物联网为代表的新一代信息技术正在加速与制造业深度融合,推动制造业向智能化、数字化、网络化方向转型升级。智能化改造可以提高生产效率和质量,降低生产成本,提高企业竞争力;数字化转型可以实现制造业与信息化的深度融合,推动制造业向高端化、智能化、绿色化方向发展。

江苏省政府出台了《江苏省制造业智能化改造和数字化转型三年行动计划(2022—2024年)》,旨在全面推动全省制造业的智能化改造和数字化转型。该计划强调了贯彻落实省党代会精神,将数字经济作为江苏转型发展的关键增量,加快推进数字产业化和产业数字化[1]。江苏作为中国制造业的重要基地之一,必须紧跟全球制造业发展趋势,加快智能化改造和数字化转型,打造具有全球竞争力的先进制造业集群。江苏制造业的发展已经取得了一定的成绩,但同时也存在一些问题。如产业结构偏重、创新能力不足、资源环境约束趋紧等[2]。这些问题制约了江苏制造业的高质量发展。同时,江苏制造业集群化程度不够高,缺乏协同创新和产业链整合,也制约了先进制造业集群的形成。因此,江苏需要探索一条可行的路径,推动制造业的智能化改造和数字化转型,打造先进制造业集群,提升制造业的核心竞争力。

国内外一些地区已经成功打造了先进制造业集群,如德国的工业4.0、美国

---

[1] 江苏省人民政府办公厅关于印发江苏省制造业智能化改造和数字化转型三年行动计划(2022—2024年)的通知(苏政办发〔2021〕109号)[J].江苏省人民政府公报,2022(2):106-111.
[2] 王安琪."一带一路"下江苏省制造业转型升级路径研究[J].江苏商论,2018(6):42-46.

的先进制造伙伴计划等[①]。这些地区在政策支持、技术创新、产业链整合等方面积累了丰富的经验,可以为江苏打造先进制造业集群提供借鉴和参考。同时,江苏也需要结合自身的产业基础和优势,探索适合自己的发展路径。智能化改造和数字化转型对制造业的影响是深远的。它们不仅可以提高制造业的生产效率和质量,降低生产成本,还可以推动制造业向高端化、智能化、绿色化方向发展[②]。同时,智能化改造和数字化转型也可以促进制造业与服务业的深度融合,推动制造业向服务型制造转型。这将为江苏打造先进制造业集群提供重要的支撑和动力。

基于以上研究背景,本研究旨在探讨智能化改造和数字化转型背景下江苏打造先进制造业集群的路径选择和发展策略。通过深入研究和分析,提出具体的政策建议和发展措施,为江苏制造业的高质量发展提供支持和指导。同时,本研究也将为其他地区的制造业转型升级提供借鉴和参考。

二、智能化改造和数字化转型对江苏制造业集群的影响

智能化改造和数字化转型对江苏制造业的影响是全方位的、深远的,不仅可以提高生产效率、降低生产成本、提升产品质量,增强企业竞争力,还可以促进产业升级和培育新动能。智能化改造和数字化转型对江苏制造业集群的影响主要体现在以下几个方面:

(一)提高生产效率

通过智能化改造和数字化转型,江苏制造业的生产效率得到显著提升。一方面,机器人、自动化生产线等智能设备的引入,使生产过程更加自动化、高效化;另一方面,数字化技术的应用,如物联网、大数据、云计算等,使生产数据实时传输、处理和分析,有助于企业更好地了解生产状况,及时调整生产策略。例如,造船业

---

① 朱高峰,王迪.当前中国制造业发展情况分析与展望:基于制造强国评价指标体系[J].管理工程学报,2017,31(4):1-7.
② 熊立贵,陈娃蕊,蔡昭华,等.高质量发展要务下先进制造业集群竞争力提升路径与策略研究[J].智能制造,2023(2):38-40.

是一个涉及大量资源、设备和人力资源的行业。通过建立一套先进的资源管理系统,实时监测和分析生产过程中的各种资源数据,包括设备状态、物料库存、人力资源等,从而实现资源的动态配置和优化利用。这不仅提高了生产效率,降低了能耗,还为应对各种突发情况提供了更大的灵活性。

(二)降低生产成本

智能化改造和数字化转型也有助于降低江苏制造业的生产成本。首先,自动化生产线的引入可以减少人力成本,提高生产效率;其次,数字化技术的应用可以实现精细化管理,降低物料消耗、能源消耗等成本;最后,智能化设备可以降低设备维护成本,减少故障率,提高设备使用寿命。例如,高端服务器主板制造工厂是一个值得关注的应用场景。5G全连接智能制造被广泛应用,包括5G+UWB(超宽带,Ultra Wide Band)定位、5G+智能设备运维、5G+云化自动光学检测等。通过应用这些先进技术,实现了企业车间人、机、料、法、环全生产要素的连接,构建了一个以数据为核心的5G全连接智能制造体系[1]。这不仅提高了生产效率,降低了运营成本,还为未来的智能制造探索了一条可行的道路。

(三)提升产品质量

智能化改造和数字化转型对提升江苏制造业的产品质量也具有重要意义。通过引入智能设备和数字化技术,企业可以更加精确地控制生产过程中的各个环节,从而确保产品质量的稳定性和一致性。此外,数字化技术的应用还可以帮助企业实现产品追溯和质量控制,进一步提高产品质量和客户满意度。通过应用物联网和大数据技术,智能制造系统可以对产品的生产过程进行全面追溯和管理。例如,在食品制造中,通过在产品包装上嵌入RFID(射频识别,Radio Frequency Identification)标签或使用区块链技术,可以追踪产品的原料来源、生产过程和销售渠道。这不仅有助于确保产品质量和安全性,还可以帮助企业及时发现和处理质量问题,降低风险。

---

[1] 蔡逸,沈玉青,杜雨晴.5G+引领新变革 江苏制造迈入"数智时代"[N].江苏经济报,2023-08-10(A01).

（四）增强企业竞争力

通过智能化改造和数字化转型，江苏制造业企业的竞争力可以得到显著提升。一方面，生产效率的提高和生产成本的降低可以使企业在市场竞争中占据更有利的地位；另一方面，产品质量的提升和产业升级也可以使企业更好地满足市场需求，拓展更广阔的市场空间。具体来说，通过智能化改造和数字化转型，企业可以根据市场需求快速调整生产计划和产品种类，实现多品种、小批量生产。这不仅满足了市场的个性化需求，还提高了企业的生产柔性和灵活性。数字化技术的应用使供应链管理更加透明和高效。企业可以通过物联网技术实时追踪原材料和零部件的库存情况，预测需求变化，并与供应商进行实时信息共享和协同操作。这降低了库存成本，减少了供应链风险，提高了供应链的响应速度。

（五）促进产业升级和培育新动能

智能化改造和数字化转型也有助于促进江苏制造业的产业升级。一方面，智能设备和数字化技术的应用可以推动传统产业向高端化、智能化、绿色化方向发展；另一方面，新兴产业的发展也可以得到更好的支持和推动，从而加速产业升级和转型。此外，智能化改造和数字化转型可以激发制造业的创新活力，培育新的增长点。例如，通过发展智能制造、工业互联网等新兴产业，打造新的产业集群，为江苏制造业集群注入新的动力。

三、江苏制造业集群智能化改造和数字化转型面临的问题

江苏制造业集群的发展呈现出一定的优势和潜力。首先，江苏制造业集群的规模和实力不断增强。江苏的制造业集群主要集中在南京、苏州、无锡、常州、南通、泰州、扬州等城市和地区。这些城市和地区在电子信息、机械制造、化工、纺织等领域具有较强的竞争力，并已形成了较大规模的制造业集群。其中，南京市在软件和信息服务、新型电力（智能电网）装备等领域有着显著的优势，苏州市在生物医药及高端医疗器械、纳米新材料等领域有着突出的表现，无锡市在物联网、集成电路等领域有着重要的发展，常州市在新型碳材料等领域有着特色的产业集

群。这些制造业集群的发展为江苏制造业的高质量发展提供了有力支撑。其次，江苏制造业集群的产业链不断完善。随着江苏制造业的不断发展，制造业集群的产业链也在不断完善。江苏已经形成了较为完整的制造业产业链，涵盖了原材料供应、零部件制造、整机组装、销售服务等各个环节。这为江苏制造业集群的协同发展提供了有利条件。

然而，江苏制造业集群在智能化改造和数字化转型中面临着技术瓶颈、资金压力、人才储备不足、产业链协同不足以及数据安全和隐私保护等多重问题，这些问题相互交织，制约了其转型升级的步伐。解决这些问题需要全面提升自主创新能力，优化资金投入机制，加强人才培养和引进，促进产业链上下游的协同合作，同时建立完善的数据治理体系以确保数据安全和隐私。江苏制造业集群在智能化改造和数字化转型的过程中面临的问题具体如下：

（一）技术瓶颈

尽管江苏在科技创新方面具有较强的实力，但智能化改造和数字化转型所需的一些核心技术和高端装备仍依赖进口，自主创新能力有待提升。一些制造业集群在智能化改造和数字化转型过程中，面临着技术瓶颈的问题。由于集群内企业之间的技术水平存在差异，一些企业可能缺乏先进的生产设备和智能化技术，导致其在数字化转型的过程中遇到困难。

（二）资金压力

智能化改造和数字化转型需要企业投入大量资金用于购置设备、软件开发、人才培训等方面。然而，许多中小企业面临资金短缺的问题，难以承担高昂的改造成本。此外，一些企业对智能化改造和数字化转型的投入产出比存在疑虑，担心投入后无法获得预期的收益。

（三）人才储备不足

随着智能化改造和数字化转型的深入推进，对具备相关专业技能和经验的人才需求也在不断增加。然而，目前市场上这类人才供不应求，人才储备不足成为制约企业发展的重要因素。目前，江苏制造业集群中从事智能化改造和数字化转型的人才相对较少,尤其是高端人才更是匮乏,这制约了企业智能化改造和数字化转型的进程。一些企业缺乏完善的人才培养机制,没有建立系统的培训计划和培养体系,导致人才的成长和发展受到限制,难以满足企业的实际需求。

(四)产业链协同不足

智能化改造和数字化转型需要整个产业链的协同配合。然而,目前江苏省内产业链上下游企业之间的协同程度还有待提高,制约了智能化改造和数字化转型的整体推进速度。此外,一些企业在与供应商和客户的协同合作方面存在困难,难以形成紧密的合作关系。具体表现如下:

1. 信息共享不足

在制造业集群中,不同企业之间缺乏信息共享的机制,导致信息孤岛现象严重。这限制了企业之间的合作与协同,影响了整个产业链的效率。

2. 标准化程度低

由于制造业集群中的企业众多,产品种类繁多,导致标准化程度较低。这增加了企业之间进行协同的难度,也影响了整个产业链的竞争力。

3. 利益分配不均

在制造业集群中,不同企业在产业链中的地位和贡献不同,但利益分配往往不均匀。这可能导致一些企业对协同的积极性不高,影响了整个产业链的协同发展。

4. 存在技术壁垒

由于制造业集群中的企业技术水平参差不齐,一些企业可能存在技术壁垒,导致其他企业难以与其进行协同。这限制了产业链的技术创新和升级。

(五)数据安全和隐私保护问题

随着数字化转型的加速推进,数据安全和隐私保护问题日益突出。制造业集群中的企业在生产、运营过程中会产生大量的数据,包括客户数据、生产数据、供应链数据等。这些数据如果被非法获取或泄露,将给企业带来巨大的损失,甚至影响企业的生存和发展。企业需要投入更多精力来保障数据的安全性和隐私性，防止数据泄露和滥用。然而，一些企业在数据安全管理和隐私保护方面存在不足之处，需要加强相关技术和制度建设。

（六）法律法规和政策环境不完善

尽管近几年江苏省政府密集出台了一系列支持智能化改造和数字化转型的政策和措施，如表6-3所示，但在法律法规和政策环境方面仍存在一些不完善之处，如知识产权保护、数据治理等方面的法规还有待完善。另外，在制造业集群的智能化改造和数字化转型过程中，涉及多个政府部门的协同管理。然而，目前跨部门之间的沟通协调机制尚不健全，导致政策执行过程中存在梗阻现象。制造业集群的智能化改造和数字化转型需要建立完善的标准体系，以确保产品的互操作性和兼容性。然而，目前相关的标准体系尚未完全建立，制约了企业之间的合作与协同发展。

表6-3 江苏省支持制造业智能化改造和数字化转型的相关政策文件和法规

年份	相关政策和法规
2023年	江苏省专精特新企业培育三年行动计划(2023—2025年)
2022年	江苏省数字经济发展综合评价办法(试行)
2022年	江苏省关于全面提升江苏数字经济发展水平的指导意见
2022年	江苏省数字经济促进条例
2021年	江苏省制造业智能化改造和数字化转型三年行动计划(2022—2024年)
2021年	江苏省"十四五"数字经济发展规划
2020年	江苏省加快推进工业互联网创新发展三年行动计划(2021—2023年)
2020年	江苏省政府办公厅关于深入推进数字经济发展的意见

注：表6-3为本研究整理。

四、智能化改造数字化转型背景下江苏打造先进制造业集群的路径

首先，江苏应充分利用其地理位置、产业基础和资源优势，通过优化空间布

局、建立联合推进机制,推动制造业集群的协同发展。这需要政府、企业和其他社会各界的共同努力,形成合力,实现资源共享、优势互补。其次,推进产业链协同创新和绿色发展是重要方向。通过加强产业链上下游合作,形成紧密的合作关系,降低生产成本,提高产品质量。推动绿色制造和循环经济发展,加强生态环境保护和治理工作,降低制造业对环境的影响。在技术创新和研发投入方面,江苏应加强与高校、科研机构的合作,推动产学研深度融合,提高制造业集群的创新能力。鼓励企业加大研发投入,加强科研队伍建设,培育掌握关键核心技术的创新团队和领军人才。再次,加强政策支持,提升综合服务保障能力是关键。政府应制定和完善支持智能化改造和数字化转型的政策体系,为企业提供资金、税收等优惠政策,降低企业负担,激发市场活力。同时,完善金融、法律、人才等一站式服务体系,支持企业发展。最后,加强开放合作和国际交流是提升江苏制造业集群国际竞争力的重要因素。要积极参与国际制造业竞争与合作,引进国际先进技术和管理经验,拓展国际市场,提高国际化经营能力。

通过优化空间布局、产业链协同创新、技术创新、政策支持和开放合作等路径,江苏可以在智能化改造和数字化转型背景下逐步打造具有全球竞争力的先进制造业集群,实现制造业的高质量发展。这将为江苏省乃至全国的经济发展提供有力支撑和引领作用。在智能化改造和数字化转型背景下,江苏打造先进制造业集群的路径探索,以下是一些具体的思路和建议:

(一)优化空间布局,建立联合推进机制

在广域空间上,形成以原有产业集群为基点,以全省重点功能区为主轴线,重点依托战略新载体,大力推进制造业融合发展、集群发展。在局域空间上,针对省内现有的各类产业园区多而不强的局面,进一步加大资源整合、归并力度,以产业园区联盟为纽带,推动跨省市联合建园、委托建园。在领域空间上,立足于全省现有产业基础,以产业链的补短板、强特色、重集成为目标,加大链式招商的力度,力争做到小集中、大配套,提供一体化整体解决方案,实现价值链、空间链与市场链整合[①]。具体的发展策略和措施如表6-4所示:

---

① 陈晓峰.先行一步培育世界级先进制造业集群[J].群众,2018(2):35-38.

表 6-4 优化空间布局,建立联合推进机制

空间层次	发展策略	具体措施
广域空间	以原有产业集群为基点,以全省重点功能区为主轴线,重点依托战略新载体,推进制造业融合发展、集群发展	1. 分析现有产业集群优势,明确发展方向。2. 确定重点功能区的定位和作用,加强功能区的建设和管理。3. 依托战略新载体,培育新兴产业和创新型企业,推动制造业融合发展
局域空间	加大资源整合、归并力度,以产业园区联盟为纽带,推动跨省市联合建园、委托建园	1. 对现有产业园区进行分类整理,整合重复建设和低效运营项目。2. 成立产业园区联盟,加强产业园区之间的合作与交流。3. 推动跨省市联合建园、委托建园,实现资源共享、协同发展
领域空间	以产业链的补短板、强特色、重集成为目标,加大链式招商的力度,力争做到小集中、大配套,提供一体化整体解决方案,实现价值链、空间链与市场链整合	1. 分析产业链上的短板环节和特色优势,制定招商引资计划。2. 实施链式招商,引进龙头企业和完善配套体系。3. 提供一体化整体解决方案,降低企业运营成本和创新风险。4. 加强价值链、空间链与市场链的整合,提升产业集群的竞争力

注:表 6-4 为本研究整理。

通过表 6-4 的归纳和总结,可以看到在广域空间、局域空间和领域空间三个层次上,江苏可以通过实施一系列具体措施来推进制造业融合发展、集群发展。这些措施包括分析现有产业集群优势、确定重点功能区的定位和作用、依托战略新载体培育新兴产业和创新型企业、整合重复建设和低效运营项目、成立产业园区联盟、推动跨省市联合建园和委托建园、分析产业链上的短板环节和特色优势、实施链式招商、提供一体化整体解决方案以及加强价值链、空间链与市场链的整合等。这些措施将有助于提升江苏省产业集群的竞争力,推动制造业的高质量发展。

(二) 推进产业链协同创新和绿色发展

江苏应建立产业链协同创新机制,加强产业链上下游企业之间的合作与交

流。通过定期举办技术交流会、合作洽谈会等活动,促进企业之间的信息共享和合作。同时,支持龙头企业发挥引领作用,带动产业链上下游企业的创新发展,形成大中小企业协同发展的良好格局。推动制造业集群内部的产业链协同创新,加强企业之间的合作和互动,形成紧密的产业链合作关系。完善配套产业链,提高产业链的韧性和安全水平,形成产业链上下游企业协同发展的良好格局。

此外,江苏应坚持绿色发展理念,推广节能环保技术和设备,降低企业能耗和排放,提高资源利用效率。推动绿色制造和循环经济发展,加强生态环境保护和治理工作,构建绿色制造体系。鼓励企业开展循环经济试点示范,推动废弃物资源化利用和再制造产业发展。加强环保监管,建立环保信用评价体系和黑名单制度,对环保失信企业进行联合惩戒。

如表6-5所示是一个简化的路线,描述了江苏省在智能化改造和数字化转型背景下打造先进制造业集群、推进产业链协同创新和绿色发展的具体路径。每个阶段之间并不是完全独立的,而是存在一定的交叉和迭代。例如,在智能化改造的过程中就可以开始建立协同创新平台和开展联合研发项目;在推进绿色发展的同时,也可以持续优化和升级智能化设备和数据平台。这个路线有助于理解和实施智能化改造和数字化转型背景下江苏打造先进制造业集群、推进产业链协同创新和绿色发展的路径。

表6-5 推进产业链协同创新和绿色发展的具体路径

阶段一:基础设施建设与智能化改造	智能化设备引进	• 企业评估现有设备,确定需要替换或升级的设备 • 与技术供应商合作,引进智能装备和工业机器人
	数据平台搭建	• 选择合适的工业互联网平台 • 实现企业内部数据的互联互通
	人才培训	• 为员工提供智能化设备操作和维护的培训 • 培养或引进数据分析、人工智能等领域的专业人才

续表 6-5

阶段二：产业链协同创新	建立协同创新平台	• 与产业链上下游企业、高校和研究机构建立合作关系 • 成立技术研发中心、检测中心等协同创新机构
	联合研发项目	• 确定产业链中的关键技术难题和研发方向 • 合作开展联合研发项目，共同攻克技术难题
	资源共享与整合	• 实现产业链上下游企业的资源共享，如设备、人才、技术等 • 通过产业链整合，优化资源配置，提高整体竞争力
阶段三：绿色发展	绿色技术应用	• 在生产过程中引入节能环保技术和设备 • 实施清洁生产、废弃物资源化利用等措施
	环境监测与管理	• 建立环境监测系统，实时监测生产过程中的能耗和排放 • 引入环境管理系统，实现生产过程的可视化和可控化
	绿色产品开发	• 开发符合绿色标准的电子产品和解决方案 • 推广绿色消费理念，满足市场对环保、可持续的需求

（三）加强技术创新和研发投入

在智能化改造和数字化转型的背景下，江苏致力于打造先进制造业集群，以提升制造业的竞争力和创新能力。为了实现这一目标，加强技术创新和研发投入成为关键路径之一。

首先，江苏应加大技术创新力度。通过加强制造业创新中心的建设，推动产学研深度融合，促进创新资源的共享和合作，鼓励企业加大研发投入，加强与高校、研究机构的合作，开展关键技术攻关和前沿技术研究。同时，建立健全知识产权保护和管理机制，激发创新主体的积极性。

其次，江苏省应着力提升研发投入水平。加大政府对制造业创新的资金支持力度，增加研发经费的投入，并引导社会资本投入制造业创新领域，形成多元化投入格局。建立健全科研项目立项和成果评价机制，提高科研资金的使用效益。鼓励企业增加内部研发投入，建立研发机构，提高自主创新能力。在实施过程中，江苏省可以采取一系列具体措施。例如,推动建设制造业创新中心,集聚创新资源,打造创新生态系统;支持企业引进高层次创新人才和团队,加强与国内外优秀科研机构的合作;实施重大科技专项,开展关键共性技术和前沿引领技术的攻关;加强创新创业服务体系建设,提供技术研发、成果转化、融资支持等一站式服务。

最后,江苏在加强技术创新和研发投入的过程中,还应注重数字化转型与智能化改造的深度融合。通过推广工业互联网、人工智能等新一代信息技术在制造业中的应用,加快制造业的数字化、网络化、智能化步伐,提升生产效率和产品质量。在智能化改造和数字化转型方面,具体可以采用以下的措施:

1. 推进智能化改造、引领产业升级

江苏应大力推进企业智能化改造,引进智能制造设备和系统,提升生产效率和质量。通过建设工业互联网平台,实现企业内部数据的互联互通,优化生产流程和管理模式。这将有助于企业适应市场变化、提高竞争力,并为产业链协同创新奠定基础。同时,鼓励企业开展智能化改造试点示范,发挥示范引领作用,推动整个集群的智能化水平提升。

2. 加速数字化转型,发掘数据价值

数字化转型是江苏省制造业创新发展的重要驱动力。通过大数据、云计算、人工智能等技术的融合应用,企业能够实现对生产过程的数字化管理和优化,发掘新的商业模式和市场空间。江苏应鼓励企业加大数字化转型投入,培养数字化人才,推动数字经济与实体经济深度融合。另外,江苏应加速制造业数字化转型步伐,推广工业大数据、云计算、人工智能等新一代信息技术在制造领域的应用。通过建立数字化管理系统,实现对生产过程的实时监控和数据分析,发掘数据价值,优化生产决策。同时,鼓励企业开展数字化转型试点示范,探索数字化转型的新模式和新路径。

(四)完善政策支持,提升综合服务保障

江苏省政府应出台相关政策,支持智能化改造、数字化转型、产业链协同创新和绿色发展。通过设立专项基金、建立公共服务平台等方式,降低企业创新升级的成本和风险。同时,引导金融机构提供针对性的金融产品和服务,如绿色信贷、

知识产权质押融资等,支撑制造业的转型升级。制定和完善支持智能化改造和数字化转型的政策体系,对参与智能化改造和数字化转型的企业给予税收优惠、资金支持等政策倾斜。加强金融服务支持,建立完善的多层次资本市场体系,为企业提供多样化的融资渠道和金融服务。完善人才政策,加大对高素质人才的引进和培养力度,建立完善的人才激励机制和服务体系。加强知识产权保护和管理,建立完善的知识产权保护和管理机制,鼓励企业加强自主创新和知识产权保护。

(五)加强开放合作和国际交流

江苏应积极拓展国际合作与交流渠道,引进国外先进的制造技术和经验。通过参与国际产能合作、共建工业园区等方式,推动本土制造业集群融入全球价值链。加强与共建"一带一路"国家的经贸合作,推广本土产业集群品牌,提升国际影响力。推动跨国企业在江苏省设立研发中心、生产基地和销售网络提升江苏省制造业集群的国际影响力。积极参与国际制造业竞争与合作,引进国际先进技术和管理经验,提高制造业集群的国际竞争力。加强与国际先进制造业集群的交流与合作拓展国际市场提高国际化经营能力。

第三节　我国未来产业高质量发展的实践探索：以浙江类脑智能产业为例

一、我国未来产业高质量发展的战略背景

随着全球科技革命与产业变革的加速推进，未来产业已成为各国竞相布局的战略高地。我国作为世界第二大经济体，正积极抢抓未来产业发展机遇，通过前瞻布局、技术创新、市场应用等多维度探索，推动未来产业高质量发展。其中，浙江省在类脑智能产业领域的实践探索尤为突出，成为全国乃至全球关注的焦点。

未来产业，是指由突破性和颠覆性的前沿技术所推动、在未来能发展成熟和产业转化、对经济社会发展具有重要支撑带动作用、但当前尚处于孕育孵化阶段的新兴产业[①]。发展未来产业是我国打造全球竞争新优势、抢占国际竞争制高点的战略"先手棋"，也是我国打造经济增长新引擎、建设现代化产业体系的关键"胜负手"。

我国发展未来产业的优势条件显著，包括集中力量办大事的体制优势、大国科技创新体系的技术策源优势、超大规模市场应用的成果转化优势、最完备工业体系的产业配套优势以及不断优化的营商环境。近年来，北京、上海、浙江、深圳等地纷纷出台实施未来产业发展专项规划、行动计划与配套政策，带动全国掀起发展未来产业的良好势头。

二、浙江类脑智能产业的发展现状

浙江省作为中国数字经济发展的先行区，拥有雄厚的产业基础、活跃的创新生态和开放的政策环境。近年来，浙江省积极响应国家关于发展新一代人工智能

---

① 张越，余江，杨娅，等．颠覆性技术驱动的未来产业培育模式与路径研究：美国布局下一代集成电路产业的启示[J]．中国科学院院刊，2023，38(6)：895-906．

的号召,将类脑智能作为重点发展的战略性新兴产业之一。类脑智能,顾名思义,是模仿人脑结构与功能的人工智能系统。它融合了神经科学、认知科学、计算机科学等多个学科的知识,旨在通过构建具有生物合理性的计算模型,实现高效、灵活、自适应的智能信息处理。类脑智能的核心在于模拟人脑的神经元网络、突触可塑性、学习机制等关键特征,以期在感知、认知、决策等方面达到或超越人类智能水平。类脑智能作为人工智能的一个重要分支,旨在模仿人脑的工作原理,实现更高效、更智能的信息处理与决策能力[①]。浙江省通过政策引导、技术创新、产业应用等多措并举,推动类脑智能产业快速发展。

(一)产业背景与政策环境

浙江省政府高度重视类脑智能产业的发展,将其纳入"十四五"规划和2035年远景目标纲要中,明确提出要培育壮大人工智能新兴产业,前瞻谋划类脑智能等未来产业。为此,浙江省出台了多项政策措施,如《浙江省人民政府办公厅关于加快人工智能产业发展的指导意见》等,为类脑智能产业的发展提供了有力保障。在具体规划布局上,浙江省以杭州为核心,辐射宁波、嘉兴、湖州、绍兴、金华等地区,形成了各具特色、协同发展的类脑智能产业格局。杭州作为浙江省的省会城市,集聚了全省约36%的人工智能核心企业,在类脑智能领域也拥有显著的科研实力和产业基础[②]。

(二)技术创新与研发实力

浙江省在类脑智能领域的技术创新与研发实力不断增强。一方面,浙江省依托浙江大学、之江实验室等高校和科研机构,在脑科学与人工智能会聚研究、神经形态计算、类脑芯片设计等方面取得了显著成果。例如,浙江大学建设了国内首个人工智能交叉学科,启动了脑科学与人工智能会聚研究计划(简称"双脑计划"),在视觉识别、语音识别、深度学习等领域形成了具有领先优势的人工智能创新生态。另一方面,浙江省还积极引进和培育了一批类脑智能领域的龙头企业和

---

① 杨丹辉.脑科学和类脑智能的发展前景展望[J].人民论坛,2023(16):40-44.
② 徐强.长三角类脑智能产业"浙江路径"[J].信息化建设,2022(1):60-63.

高新技术企业,如新华三集团、海康威视等,这些企业在类脑芯片、类脑算法、类脑应用等方面进行了大量研发投入,推动了类脑智能技术的产业化进程。

(三)产业规模与集聚效应

浙江省类脑智能产业规模不断扩大,集聚效应日益显现。据统计,近年来浙江省人工智能企业数量快速增长,其中不乏专注于类脑智能技术研发与应用的企业。这些企业在杭州、宁波、嘉兴等地形成了明显的产业集聚效应,为类脑智能产业的发展提供了良好的产业生态和支撑环境。以杭州市为例,作为浙江省人工智能产业的核心区域,杭州市集聚了全省约36%的人工智能核心企业,在人工智能科技产业城市竞争力评价指数排名全国第二。杭州市不仅拥有阿里巴巴、海康威视等龙头企业,还建设了一批高能级产业平台,如杭州未来科技城中国(杭州)人工智能小镇、西湖云栖小镇等,为类脑智能产业的发展提供了广阔的空间和舞台。

(四)产业应用与市场拓展

产业应用是类脑智能技术实现价值的关键环节。浙江省坚持以行业应用带动产业发展,推动类脑智能技术在智能制造、智慧医疗、智慧城市等领域形成一批应用场景。例如,在智能制造领域,浙江省企业通过引入类脑智能技术优化生产流程、提高生产效率和质量;在智慧医疗领域,类脑智能技术被用于辅助诊断、个性化治疗等场景;在智慧城市领域,类脑智能技术则助力城市治理更加精准高效。同时,浙江省还积极拓展类脑智能产品的市场空间。通过参加国内外知名展会、举办产业对接会等方式,加强与产业链上下游企业的交流合作,推动类脑智能产品快速进入市场并赢得用户认可。此外,浙江省还积极培育本土类脑智能企业,鼓励企业通过并购重组等方式扩大规模、提升竞争力。

三、浙江类脑智能产业高质量发展的实践探索

随着全球科技革命和产业变革的加速推进,类脑智能作为人工智能领域的前沿技术,正逐渐成为推动经济社会高质量发展的重要引擎。浙江省作为中国东部沿海的经济大省,凭借其雄厚的产业基础、丰富的科研资源和开放的市场环境,在

类脑智能产业的发展上进行了深入的实践探索,并取得了显著成效。以下是对浙江类脑智能产业高质量发展实践探索的详细描述。

(一)政策引领与战略规划

1. 政策体系的建立与完善

浙江省政府高度重视类脑智能产业的发展,将其纳入全省数字经济和战略性新兴产业的重点发展领域。近年来,浙江省出台了一系列政策措施,包括《浙江省数字经济发展"十四五"规划》《浙江省促进新一代人工智能发展行动计划(2019—2022年)》等,明确提出了类脑智能产业的发展目标、重点任务和保障措施。这些政策不仅为类脑智能产业提供了明确的发展方向和规划布局,还通过资金扶持、税收优惠、人才引进等多种方式,为产业的快速发展提供了有力支持。

2. 战略规划的制定与实施

在战略规划方面,浙江省注重顶层设计与基层实践的有机结合。一方面,浙江省政府制定了全省类脑智能产业的中长期发展规划,明确了产业发展的阶段性目标和路径;另一方面,各地市根据自身实际情况,制定了相应的实施方案和行动计划,确保战略规划的有效落地。同时,浙江省还建立了跨部门协调机制,加强政策协同和资源整合,推动类脑智能产业与制造业、服务业等深度融合发展。

(二)技术创新与研发突破

1. 科研平台的建设与升级

浙江省在类脑智能领域拥有一批高水平的科研平台,包括国家实验室、省级重点实验室、工程技术研究中心等。这些平台不仅聚集了大量的科研人才和团队,还配备了先进的实验设备和研发设施,为类脑智能技术的创新研发提供了有力支撑。近年来,浙江省不断加大对科研平台的投入力度,推动其向更高水平发展。同时,浙江省还积极引进国内外顶尖科研机构和团队,加强与国际同行的交流与合作,提升本地产业的创新能力和竞争力。通过产学研用深度融合,浙江省在类脑智能算法、芯片设计、系统集成等方面取得了显著进展,为产业应用提供了强有力的技术支撑。

2. 关键技术的研发与突破

技术创新是推动类脑智能产业发展的核心动力。浙江省在类脑智能领域的技术创新成果亮点纷呈,成功研发了 3D 键合堆叠存算一体芯片[①]、超导量子芯片、多模态大模型等一批技术领先成果。这些成果不仅填补了国内空白,部分还达到了国际先进水平,为浙江省类脑智能产业的后续发展奠定了坚实基础。在关键技术研发方面,浙江省聚焦类脑芯片设计、类脑算法优化、类脑计算平台构建等核心领域,取得了一系列重要成果。例如,在类脑芯片设计方面,浙江省内企业成功研发出了具有自主知识产权的类脑计算芯片,实现了从算法到硬件的全面自主可控;在类脑算法优化方面,浙江省科研人员通过深入研究大脑神经网络的运行机制和工作原理,提出了多种新型类脑算法模型,并成功应用于图像识别、语音识别等领域;在类脑计算平台构建方面,浙江省建立了多个类脑计算示范平台和应用场景,为类脑智能技术的产业化应用提供了有力支持。表 6-6 为浙江在推进类脑智能产业高质量发展中关键核心技术研发与突破的内容。

表 6-6 类脑智能产业关键核心技术研发与突破

核心技术领域	目标	关键技术	成果预期/应用方向
类脑计算芯片设计	研发低功耗、高效率、高集成度的类脑计算芯片,模拟人脑神经元和突触工作机制	神经元电路设计、突触可塑性模拟、低功耗管理技术	开发出具有自主知识产权的类脑计算芯片,并在特定应用场景中验证性能
类脑算法优化	针对类脑计算特点,优化算法模型,提高准确性和鲁棒性	深度学习、强化学习、无监督学习与类脑计算原理结合,算法定制与优化	面向智能制造、智慧医疗、智慧城市等领域,提供高效的数据分析和决策支持

[①] 全球首款,阿里达摩院成功研发基于 DRAM 的 3D 键合堆叠存算一体芯片[J]. 世界电子元器件,2021(12):5-7.

续表 6-6

核心技术领域	目标	关键技术	成果预期/应用方向
类脑计算平台构建	构建基于类脑计算芯片和算法的计算平台,提供高效计算和存储能力	硬件层(类脑计算芯片)、软件层(类脑操作系统、算法库)、应用层(面向不同领域的解决方案)	通过云平台、边缘计算等方式实现计算资源的灵活调度和高效利用,为各类应用场景提供技术支持

(三)产业链协同与生态建设

1. 产业链上下游的紧密合作

浙江省类脑智能产业已经形成了较为完整的产业链布局,包括类脑芯片设计、类脑算法优化、类脑计算平台构建以及终端应用等多个环节。在产业链协同方面,浙江省注重加强上下游企业之间的紧密合作和协同发展。一方面,通过搭建产业联盟、行业协会等平台,促进产业链各环节之间的信息交流和技术合作;另一方面,通过推动产学研用深度融合,加强高校、科研机构与企业之间的合作与交流,推动科研成果的快速转化和应用。此外,浙江省还积极引进和培育一批具有核心竞争力的龙头企业,发挥其在产业链中的引领和带动作用。

2. 生态系统的构建与优化

在生态系统构建方面,浙江省注重打造开放协同、互利共赢的类脑智能产业生态系统。一方面,通过加强与国际同行的交流与合作,引进国外先进技术和经验做法;另一方面,通过加强与国内其他地区的产业合作与交流,共同推动类脑智能产业的快速发展。同时,浙江省还注重优化产业生态环境,加强知识产权保护、标准制定、质量检测等方面的工作,为产业的健康发展提供有力保障。

（四）应用场景拓展与市场需求挖掘

1. 应用场景的多元化拓展

类脑智能技术具有广泛的应用前景和市场需求。浙江省在推动类脑智能产业发展过程中，注重将技术成果与实际应用场景相结合，形成了一批具有示范意义的应用案例。例如，在智能制造领域，浙江省通过引入类脑智能技术实现了生产过程的智能化和自动化；在智慧医疗领域，通过类脑智能技术提高了医疗服务的精准度和效率；在智慧城市领域，通过类脑智能技术提升了城市管理的智能化水平。未来随着技术的不断成熟和应用场景的不断拓展，浙江类脑智能产业将迎来更加广阔的发展空间和市场前景。

2. 市场需求的深度挖掘与满足

在市场需求挖掘方面，浙江省注重深入了解市场需求和行业趋势，为类脑智能技术的产业化应用提供有力支持。一方面，通过市场调研和数据分析等手段，了解市场需求的变化趋势和发展方向；另一方面，通过加强与用户的沟通和交流，深入了解用户的具体需求和痛点问题。同时，浙江省还注重推动类脑智能技术与传统产业的深度融合发展，通过技术改造和升级，提升传统产业的竞争力和附加值，满足市场对高质量产品和服务的需求。

（五）人才培养与引进

1. 人才培养体系的建立与完善

人才是类脑智能产业发展的核心资源。浙江省在推动类脑智能产业发展过程中注重加强人才培养体系的建立与完善。一方面通过加强高校和科研机构的建设提升人才培养的质量和水平。通过建设省级重点企业研究院、博士后工作站等平台，吸引和培养了一大批高水平研发人才。另一方面通过加强职业教育和技能培训提高从业人员的专业素养和技能水平。同时，加强与国内外知名高校和科研机构的合作交流，推动产学研深度融合和科技成果转化。例如，先临三维科技股份有限公司与浙江大学、北京大学口腔医学院等高校开展科研合作，共同推动三维视觉技术的研发与应用。

2. 高端人才的引进与激励

在高端人才引进方面,浙江省出台了一系列优惠政策措施吸引国内外顶尖人才和团队来浙江创新创业。例如通过提供住房补贴、子女教育优惠等政策解决高端人才的后顾之忧;通过建立科技成果转化收益分配机制激发科研人员的创新活力;通过搭建创新创业服务平台为高端人才提供全方位的创业支持。同时浙江省还注重加强与国际同行的交流与合作,通过举办国际学术会议、技术交流会等活动吸引更多的国际高端人才关注浙江未来、浙江发展。

(六)国际合作与交流

1. 国际合作平台的搭建与拓展

浙江省注重加强与国际同行的交流与合作,通过搭建国际合作平台拓展国际合作渠道。一方面通过建立国际友好城市关系加强与国外城市在科技、经济等领域的合作与交流;另一方面通过参与国际科技组织和项目合作加强与国外科研机构和团队的合作与交流。同时,浙江省还积极举办国际学术会议和技术交流会等活动,邀请国内外专家学者和企业代表共同探讨类脑智能技术的发展趋势和应用前景,推动国际合作的深入发展。

2. 国际市场的开拓与布局

在国际市场开拓方面,浙江省注重加强与国际市场的联系与合作,积极推动本地企业"走出去"参与国际竞争。一方面,通过组织企业参加国际展会和贸易洽谈会等活动,拓展国际市场份额;另一方面,通过加强与国际知名企业的合作与交流,引进国外先进技术和管理经验,提升本地企业的国际竞争力。同时,浙江省还注重加强与国际金融机构的合作与交流,为本地企业提供更加便捷的融资渠道和金融服务,支持其在国际市场上的快速发展。

四、浙江类脑智能产业高质量发展的具体案例

(一)浙大科技园启真脑机智能产业化基地

该基地以"脑机智能硬件基础—技术体系—应用领域产业构建"为导向,在

"脑机＋生命健康""脑机＋智能制造""脑机＋新一代信息技术""脑机＋新材料"等领域助力科技成果产业化。该基地的落地不仅推动了浙江省脑机智能产业的发展步伐,还为全国乃至全球脑机智能产业的发展提供了有益借鉴和参考。

(二) 阿里云城市大脑

阿里云城市大脑是阿里巴巴集团利用大数据、云计算、人工智能等技术打造的城市智能治理平台。该平台通过收集和分析城市运行中的各种数据资源,为城市管理者提供精准、高效的决策支持服务。阿里云城市大脑的成功应用不仅提升了杭州市的城市治理水平和服务能力,还为全国其他城市提供了可复制、可推广的智慧城市建设模式。

(三) "中国视谷"

作为杭州产业生态新地标,"中国视谷"建设已纳入工信部和浙江省合作协议。紫光恒越(杭州)技术有限公司作为"中国视谷"窗口园区的一家优势企业,利用5G、AI等先进数字化技术实现产品和解决方案的有效结合。该公司的发展实践充分展示了浙江在推动类脑智能技术与传统产业深度融合方面的积极探索和显著成效。

(四) 横店影视文化产业大脑

横店影视文化产业大脑的建设实现了影视全产业链的数字化、标准化和工业化转型。通过LED(发光二极管,Light Emitting Diode)虚拟数字技术、VR云勘景平台等先进技术的应用,横店影视城大幅提升了制片效率和拍摄质量。同时,"横影通"小程序的上线也为"横漂"演员提供了更加便捷的生活和工作服务。横店影视文化产业大脑的成功实践为浙江文化产业的高质量发展提供了宝贵经验。

(五) 仙居杨梅产业大脑

仙居杨梅产业大脑是仙居县为推动杨梅产业高质量发展而精心打造的数字化平台。该平台集成了产业地图、智能监管、智慧种植、产销对接和金融服务等一系列先进功能,实现了对杨梅全产业链条的全面数字化改造和转型。通过这一平台,农户可以更加便捷地获取产业信息,科学指导种植活动,提高生产效率和产品质量。同时,平台还致力于推动产销对接,帮助农户拓展市场,提升品牌知名度。最终,仙居杨梅产业大脑旨在带动农户有效融入现代农业体系,提升整个产业的竞争力,实现共同富裕的发展目标。

五、总结与展望

综上所述,浙江省在类脑智能产业高质量发展的实践探索中取得了显著成效。通过政策引领与战略规划、技术创新与研发突破、产业链协同与生态建设、应用场景拓展与市场需求挖掘、人才培养与引进以及国际合作与交流等多个方面的努力,浙江省类脑智能产业已经形成了较为完整的产业链布局和生态系统具备了较强的竞争力和发展潜力。未来随着全球科技革命和产业变革的加速推进以及国内市场需求的不断增长浙江类脑智能产业将迎来更加广阔的发展空间和市场前景。同时浙江省也将继续加大政策支持力度加强技术创新和人才培养推动产业链上下游企业紧密合作,共同打造具有国际竞争力的类脑智能产业集群,为浙江乃至全国的经济发展注入新的动力。

第七章

我国未来产业高质量发展的保障措施

未来产业高质量发展是中国经济社会发展的核心战略之一,旨在通过创新驱动、结构优化、绿色发展等路径,实现经济持续健康增长和社会全面进步。为了有效推进未来产业高质量发展,需要从政策保障、制度保障、技术保障、人才保障、环境保障和管理保障等多个维度综合施策,形成全方位、多层次的支持体系。本书将从这些维度出发,详细论述我国未来产业高质量发展的保障措施。

一、政策保障

在全球化竞争日益激烈、科技革命和产业变革加速推进的背景下,我国未来产业的高质量发展已成为推动经济转型升级、实现可持续发展的关键。为确保未来产业能够稳健前行,一系列战略规划、政策引导、加大政策支持力度及完善法律法规体系的保障措施显得尤为重要。本书将从战略规划与政策引导、加大政策支持力度、完善法律法规体系三个方面进行论述。

(一)战略规划与政策引导

1. 明确未来产业发展方向

未来产业的发展方向是高质量发展战略规划的核心。国家层面应紧密结合全球科技和产业发展趋势,明确未来产业的重点领域,如人工智能、量子信息、生物科技、新材料、新能源等。通过制定《未来产业发展规划》等纲领性文件,为地方和企业提供明确的发展指南。例如,《中华人民共和国国民经济和社会发展第十四个五年规划和2035年远景目标纲要》已明确提出,在类脑智能、量子信息、基因技术等领域组织实施未来产业孵化与加速计划。

2. 布局重点产业集群

产业集群是推动未来产业高质量发展的重要载体。国家应鼓励各地结合自身资源禀赋和产业基础,布局一批具有国际竞争力的未来产业集群。通过建设未来产业科技园、创新中心等平台,促进产学研用深度融合,加速科技成果转化和产业化。如北京、上海、江苏等地已率先开展未来产业科技园试点,重点培育空天科技、信息安全、未来网络等领域。

3. 实施创新驱动发展战略

创新是未来产业发展的核心驱动力。国家应持续加大研发投入,支持关键核心技术攻关,推动产业链、创新链、资金链、人才链深度融合。通过实施"揭榜挂帅""赛马"等机制,激发企业和社会各界的创新活力。同时,加强知识产权保护,营造尊重创新、鼓励创新的良好氛围。

(二) 加大政策支持力度

1. 财政资金支持

未来产业的发展需要大量资金投入。国家应设立专项基金,支持未来产业的关键技术研发、产业化示范项目等。同时,通过税收优惠、贷款贴息、风险投资引导等多种方式,降低企业创新成本,吸引社会资本投入未来产业。例如,常州市在"十四五"期间安排500亿元以上政策性资金,撬动8 000亿元以上社会资本投入产业高质量发展。

2. 融资支持

拓宽未来产业的融资渠道,支持符合条件的未来产业企业在多层次资本市场上市融资。鼓励金融机构创新金融产品和服务,为未来产业企业提供个性化、差异化的融资支持。此外,还应加强与国际金融机构的合作,引进国外先进技术和资金,推动未来产业国际化发展。

3. 土地与人才支持

在土地供应方面,优先保障未来产业项目用地需求,通过土地整理、低效用地再开发等方式,盘活存量土地资源。在人才支持方面,实施更加开放的人才政策,吸引国内外高层次人才和创新团队。加强职业教育和技能培训,为未来产业培养大量高素质技能人才。

(三) 完善法律法规体系

1. 建立健全法律法规

针对未来产业发展中出现的新问题、新挑战,国家应及时修订和完善相关法律法规,为未来产业发展提供坚实的法律保障。例如,加强数据保护、网络安全、生物安全等领域的立法工作,确保未来产业在合法合规的轨道上健康发展。

2. 强化市场监管

加强对未来产业市场的监管力度,防止不正当竞争和垄断行为。建立健全市场准入和退出机制,促进优胜劣汰。同时,加强消费者权益保护,提高未来产业产品和服务的市场信誉度。

3. 推动法律法规与国际接轨

随着全球化进程的加速推进,未来产业的发展越来越需要与国际接轨。因此,要推动相关法律法规与国际接轨,借鉴国际先进经验和做法,完善我国未来产业发展的法律法规体系。同时,要加强与国际组织的合作与交流,积极参与国际规则的制定和修改工作,为我国未来产业的发展争取更加有利的国际环境。

二、制度保障

我国未来产业高质量发展,离不开一系列坚实而全面的制度保障措施。这些措施涵盖了深化市场化改革、强化知识产权保护、创新治理体系以及推进金融体制改革等多个方面。

(一) 深化市场化改革

市场化改革是推动经济高质量发展的核心动力。通过深化市场化改革,可以进一步激发市场活力,优化资源配置,提升产业竞争力。

1. 完善市场准入制度

市场准入是市场化改革的重要一环。完善市场准入制度,就是要打破行政性垄断,防止市场壁垒,确保各类市场主体公平参与市场竞争。具体而言,应进一步放宽市场准入条件,简化审批流程,降低市场进入门槛,为中小企业和民营企业创造更加宽松的市场环境。同时,加强事中事后监管,确保市场主体的合法合规经营。

2. 健全价格形成机制

价格是市场调节资源配置的重要手段。健全价格形成机制,就是要充分发挥市场在资源配置中的决定性作用,让价格信号真实反映市场供求关系和资源稀缺程度。为此,应加快推进能源、交通、电信等领域的价格市场化改革,打破价格垄断,形成由市场供求决定的价格形成机制。同时,加强对价格行为的监管,防止价格欺诈和操纵市场行为的发生。

3. 促进公平竞争

公平竞争是市场化改革的基本要求。促进公平竞争,就是要维护市场的公平竞争秩序,防止不正当竞争行为的发生。具体而言,应加强对市场主体的反垄断和反不正当竞争的执法力度,打击各种形式的垄断行为和不正当竞争行为。同时,建立健全公平竞争审查制度,对可能影响市场竞争的政策措施进行审查评估,确保政策措施不会损害市场竞争秩序。

(二)强化知识产权保护

知识产权保护是创新驱动发展战略的重要保障。通过强化知识产权保护,可以激发全社会的创新活力,推动产业高质量发展。

1. 完善知识产权保护法律体系

完善知识产权保护法律体系是强化知识产权保护的基础。应加快推进知识产权相关法律法规的修订完善工作,确保法律法规与国际接轨并适应我国经济社会发展的实际需要。同时,加强对知识产权侵权行为的打击力度,提高侵权成本,降低维权成本,形成有效震慑。

2. 加强知识产权管理和服务

加强知识产权管理和服务是提升知识产权保护水平的重要途径。应建立健全知识产权管理体系和服务体系,为市场主体提供全方位、多层次的知识产权服务。具体而言,可以加强知识产权信息服务平台建设,提供便捷高效的知识产权信息查询、检索和咨询服务;加强知识产权培训和教育力度提高全社会的知识产权意识和能力水平;加强知识产权服务机构建设培育一批专业化、规范化的知识产权服务机构。

3. 推动知识产权国际合作

推动知识产权国际合作是提升我国国际竞争力的重要措施。应积极参与国际知识产权规则制定和谈判工作,推动建立更加公平合理的国际知识产权秩序。同时加强与周边国家和地区的知识产权合作与交流,共同打击跨国知识产权侵权行为,维护良好的国际贸易环境。

(三)创新治理体系

创新治理体系是推动产业高质量发展的关键所在。通过创新治理体系可以优化政府职能提升政府效能推动产业转型升级。

1. 优化政府职能定位

优化政府职能定位是创新治理体系的前提和基础。应进一步明确政府在经济发展中的角色和定位,减少政府对微观经济活动的直接干预,加强政府在宏观调控、市场监管、公共服务等方面的职能作用。具体而言,可以推进简政放权、放管结合、优化服务改革,减少审批事项,优化审批流程,提高审批效率;加强事中事后监管,建立健全信用监管体系,完善失信惩戒机制;同时,加强公共服务体系建设,提高公共服务供给质量和效率,满足人民群众日益增长的美好生活需要。

2. 构建协同治理机制

构建协同治理机制是创新治理体系的重要内容之一。应推动政府、市场、社会等多元主体共同参与治理,形成协同共治的良好局面。具体而言,可以加强政府部门之间的沟通协调,形成工作合力;加强政府与市场主体的合作与交流,引导市场主体积极参与社会治理;加强社会组织建设,培育一批专业化、规范化的社会组织,发挥其在社会治理中的积极作用;同时,加强公众参与和舆论监督,建立健全社会监督机制,保障人民群众的知情权、参与权和监督权。

3. 推进数字政府建设

推进数字政府建设是创新治理体系的重要方向之一。应充分利用现代信息技术手段,推动政府数字化转型,提高政府服务效率和透明度。具体而言,可以加强政务信息化建设,推动政务数据共享和开放利用;加强电子政务服务平台建设,提供在线政务服务,方便企业和群众办事;加强政府网站建设,完善政府信息公开制度,保障人民群众的知情权;同时,加强网络安全保障体系建设,确保政府网络和信息安全可靠运行。

(四)推进金融体制改革

金融是产业发展的血脉。为了保障未来产业高质量发展,需要推进金融体制改革,建立健全的金融体系。推进金融体制改革对于推动产业高质量发展具有重要意义。

1. 完善金融市场体系

完善金融市场体系是推进金融体制改革的基础性工作之一。应加快建设多层次资本市场体系,满足不同类型企业的融资需求;推动债券市场健康发展,扩大债券市场规模和品种;发展期货市场等衍生品市场,为企业提供风险管理工具;加强金融基础设施建设,提高金融市场的运行效率和安全性稳定性。

2. 优化金融资源配置

优化金融资源配置是推进金融体制改革的重要目标之一。应加强对实体经济的金融支持,引导金融资源向重点领域和薄弱环节倾斜;推动金融产品和服务创新,满足企业多样化的融资需求;加强金融监管和风险防控,维护金融稳定和安全;加强对小微企业和"三农"等领域的金融支持,促进经济包容性增长和可持续发展。

3. 加强金融监管和风险防范

加强金融监管和风险防范是推进金融体制改革的重要保障之一。应建立健全金融监管体系,完善金融监管法律法规和制度规范;加强对金融机构的监管力度,防范化解金融风险;加强对影子银行、互联网金融等新兴金融业态的监管,规范其发展秩序;加强国际金融监管合作,共同应对跨国金融风险挑战。

三、技术保障

在全球科技竞争日益激烈、经济转型升级加速的背景下,我国未来产业的高质量发展离不开坚实的技术保障。技术保障不仅关乎国家竞争力的提升，也是实现经济可持续增长的关键。本书将从加大科技研发投入、推进产学研深度融合、加速科技成果转化、推动传统产业升级四个方面，详细论述我国未来产业高质量发展的技术保障措施。

（一）加大科技研发投入

1. 提升科研经费投入强度

科研经费是科技创新的物质基础。为了保障未来产业的高质量发展，国家应持续加大科研经费投入，确保科研经费占GDP的比例稳步上升。同时，优化科研经费分配结构，重点支持基础研究、前沿技术探索和关键核心技术攻关。通过设立专项基金、引导社会资本参与等方式，形成多元化、多层次的科研经费投入体系，为科技创新提供充足的资金保障。

2. 完善科研项目管理机制

科研项目是科技研发投入的重要载体。为了提高科研项目的质量和效益，应建立健全科研项目评审、立项、执行、验收等全过程管理机制。引入第三方评估机制，对科研项目进行客观、公正的评价，确保科研项目符合国家战略需求和产业发展方向。同时，加强对科研项目执行过程的监管，确保科研经费的合规使用和科研成果的有效产出。

3. 强化企业创新主体地位

企业是技术创新的主体。为了激发企业的创新活力，应进一步强化企业在科技创新中的主体地位。通过税收减免、研发费用加计扣除等政策措施，鼓励企业加大研发投入，建立研发机构，培养创新人才。同时，支持企业牵头组建创新联合体，与高校、科研院所等开展深度合作，共同承担国家重大科技项目，推动产学研协同创新。

（二）推进产学研深度融合

1. 建立产学研合作长效机制

产学研深度融合是推动科技创新和产业升级的重要途径。应建立健全产学研合作的长效机制，鼓励企业、高校和科研机构建立紧密的合作关系，共同开展技术研发和成果转化。通过设立联合实验室、技术创新中心等平台，促进知识、技术和资源的共享与交流。

2. 改革科技成果转化机制

科技成果转化是产学研合作的重要成果体现。应深化科技成果转化机制改革，打通从基础研究到应用研究的链条，加快科技成果向现实生产力转化。建立健全科技成果评价体系和交易市场，为科技成果的评估、交易和融资提供便利条件。

3. 强化企业技术创新主体地位

企业是技术创新和产业升级的主体。应进一步强化企业在技术创新中的主体地位，鼓励企业加大研发投入，建立自己的研发机构和团队。通过政策引导和资金支持，推动企业成为技术创新决策、研发投入、科研组织和成果转化的主体。

（三）加速科技成果转化

1. 完善科技成果转化机制

科技成果转化是科技创新的重要环节。为了加速科技成果转化，应完善科技成果转化机制，明确科技成果所有权、使用权、处置权和收益权的归属与分配原则。推动高校、科研院所与企业建立紧密的合作关系，共同开展科技成果的评估、熟化和转化工作。同时，加强对科技成果转化的金融支持，引导社会资本投向具有市场前景的科技成果转化项目。

2. 建设科技成果转化服务平台

科技成果转化服务平台是连接科技成果供需双方的重要桥梁。为了提升科技成果转化的效率和成功率，应建设一批专业的科技成果转化服务平台，为科技成果供需双方提供信息咨询、技术评估、交易撮合、融资支持等一站式服务。通过线上线下相结合的方式，拓宽科技成果转化的渠道和范围，促进科技成果的快速转化和产业化应用。

3. 加强科技成果转化的市场导向

市场是科技成果转化的最终归宿。为了加强科技成果转化的市场导向，应密切关注市场需求和产业发展趋势,引导高校、科研院所和企业开展有针对性的科技研发工作。通过市场调研、需求分析等方式,明确科技成果的应用场景和市场潜力,为科技成果转化提供有力的市场支撑。

(四)推动传统产业升级

1. 促进传统产业高端化、智能化、绿色化改造

传统产业是我国经济的重要组成部分,也是未来产业升级的重要基础。应积极推动传统产业向高端化、智能化、绿色化方向发展。通过引进先进技术和装备、优化生产流程和管理模式等方式,提升传统产业的产品质量和技术水平;同时,加强智能化改造和绿色化转型力度,降低能耗和排放水平,提高资源利用效率。

2. 培育战略性新兴产业集群

战略性新兴产业是未来产业发展的方向和重点。应加大对战略性新兴产业的培育力度和支持力度,通过政策引导和市场机制相结合的方式推动其快速发展。鼓励企业加强技术创新和产品研发力度,形成一批具有自主知识产权和核心竞争力的战略性新兴产业集群;同时加强产业链上下游企业的协同合作和资源整合力度,提升整个产业链的竞争力水平。

3. 推动制造业与服务业融合发展

制造业与服务业融合发展是推动产业转型升级的重要途径之一。应积极推动制造业向服务化方向转型发展,鼓励企业延伸产业链和价值链向服务领域拓展;同时加强服务业对制造业的支撑作用和服务创新力度,提升服务质量和效率水平。通过推动制造业与服务业的深度融合发展,形成互促共进、协调发展的良好格局。

四、人才保障

在我国经济迈向高质量发展的关键阶段,人才作为第一资源,其重要性不言而喻。未来产业的高质量发展,离不开坚实的人才保障。这要求我们在加强人才培养和引进、优化人才发展环境、促进人才流动和交流等方面下足功夫,构建一套完善的人才保障体系。

（一）加强人才培养和引进

1. 优化教育体制，培养现代产业人才

教育是培养人才的基础。为适应未来产业发展的需求，必须优化教育体制，特别是职业教育和高等教育体系。一方面，加强职业教育与产业发展的紧密结合，通过校企合作、工学结合等方式，培养更多具备实践技能和创新能力的技术工人。另一方面，高等教育应调整专业设置和课程结构，增设与新兴产业相关的学科，如人工智能、大数据、云计算等，同时注重培养学生的创新思维和跨学科能力。

2. 实施产学研结合，促进科技成果转化

产学研结合是培养现代产业人才的重要途径。通过建立产学研合作机制，加强企业与高校、科研院所之间的沟通与合作，可以共同承担科研项目，实现科研成果的快速转化和应用。这不仅有助于提升企业的创新能力，还能为高校和科研院所提供实践平台，促进人才培养与产业需求的无缝对接。

3. 加大人才引进力度，吸引高层次人才

高层次人才是产业高质量发展的关键。为此，应制定和完善人才引进政策，为高层次、紧缺人才提供更多优惠政策和便利条件。比如，提供住房补贴、子女教育优惠、税收减免等福利，降低他们的生活成本和工作压力。同时，建立人才引进的绿色通道，简化审批流程，提高引进效率。

（二）优化人才发展环境

1. 完善人才评价机制，营造公平竞争氛围

科学、公正、有效的人才评价机制是优化人才发展环境的重要保障。应建立以能力和业绩为导向的人才评价机制，不仅注重学历和学术成果，更要突出实践经验和创新能力。通过客观公正的评价，激发人才的创新活力，营造公平竞争的良好氛围。

2. 加强政策支持，提供全方位保障

政府应制定和完善一系列支持人才发展的政策措施，如提供创业扶持资金、

设立人才发展专项基金、降低创业门槛等。同时,加强知识产权保护力度,保障人才创新成果的合法权益。此外,还应完善社会保障体系,为人才提供优质的医疗、教育、养老等服务,解除他们的后顾之忧。

3. 推进创新创业平台建设,打造人才集聚高地

创新创业平台是吸引和集聚人才的重要载体。应积极推进各类创新创业园区、孵化器、加速器等平台建设,为人才提供创业指导、融资支持、市场推广等全方位服务。通过打造人才集聚高地,形成创新创业的良好生态,吸引更多优秀人才投身产业发展。

(三)促进人才流动和交流

1. 鼓励跨企业、跨地区、跨行业的人才流动

人才流动是推动产业发展的重要动力。应鼓励人才跨企业、跨地区、跨行业流动,促进知识和技术的传播与交流。通过建立人才流动机制和市场化的人才配置方式,打破地域和行业壁垒,实现人才资源的优化配置。

2. 加强国际合作与交流,引进海外优秀人才

国际合作与交流是提升我国产业竞争力的重要途径。应借助国际合作平台,加强与其他国家和地区的人才交流与合作,吸引海外优秀人才来华工作和创业。通过引进海外优秀人才,可以带来先进的理念和技术,推动我国产业高质量发展。

3. 举办各类人才交流活动,激发创新灵感

举办各类人才交流活动是促进人才流动和交流的有效方式。可以定期举办人才论坛、技术交流会、创新创业大赛等活动,为人才提供展示才华和交流思想的平台。通过交流,碰撞出思想的火花,激发创新灵感,推动产业创新发展。

五、环境保障

随着全球经济的不断发展和科技革命的加速推进,我国未来产业的高质量发展已成为国家经济发展的重要战略方向。在这一进程中,环境保障措施扮演着至关重要的角色。本书将从推动绿色低碳技术创新、加强生态环境保护与修复、提高资源利用效率、提升公众环保意识与参与度四个方面,详细论述我国未来产业高质量发展的环境保障措施。

(一)推动绿色低碳技术创新

1. 加大绿色技术研发投入

绿色技术是推动产业绿色低碳发展的关键。为此,应进一步加大对绿色技术研发的投入,鼓励科研机构和企业开展前沿绿色技术的研发和应用。政府可以通过设立专项基金、提供税收减免和补贴等方式,引导社会资本向绿色技术领域流动,形成多元化的研发投入机制。

2. 完善绿色技术创新体系

建立健全以市场为导向的绿色技术创新体系,促进产学研用深度融合。通过搭建绿色技术交易平台、建立绿色技术成果库和孵化器等措施,加速绿色技术成果的转化和应用。同时,加强知识产权保护,激发企业和科研人员的创新活力,推动形成一批具有国际竞争力的绿色技术企业和产品。

3. 强化绿色技术标准和认证

制定和完善绿色技术标准和认证体系,引导产业向绿色低碳方向发展。通过制定严格的绿色技术标准,规范产业生产过程中的碳排放和资源消耗等行为,提高产业整体的绿色低碳水平。同时,建立绿色产品认证制度,鼓励消费者购买绿色产品,形成绿色消费风尚。

(二)加强生态环境保护与修复

1. 建立健全生态环境保护法律法规

完善生态环境保护法律法规体系,为生态环境保护提供坚实的法律保障。制定更加严格的污染物排放标准、生态红线划定和生态补偿等制度,加大对违法行为的处罚力度,确保生态环境得到有效保护。同时,加强法律法规的宣传和普及工作,提高全社会的生态环境保护意识。

2. 实施重大生态修复工程

针对生态环境受损严重的地区,实施重大生态修复工程。通过植树造林、湿地恢复、水土保持等措施,改善受损地区的生态环境质量。同时,加强生态修复工程的监管和评估工作,确保修复效果达到预期目标。

3. 推动生态环境保护与产业协同发展

将生态环境保护纳入产业发展规划之中,推动生态环境保护与产业协同发展。通过发展绿色产业、循环经济等产业模式,降低产业发展对生态环境的负面影响。同时,鼓励企业采用清洁生产技术、节能减排技术等措施,提高产业生产过程中的资源利用效率和环境保护水平。

(三)提高资源利用效率

1. 推行节水节地节材措施

在产业发展过程中,应大力推行节水节地节材措施。通过采用先进的节水技术、推广节水器具和设备等措施,降低产业用水量和废水排放量。同时,加强土地集约利用和节约用地工作,优化产业用地布局和结构,提高土地利用效率。此外,还应推广使用新型建筑材料和节能产品等措施,降低产业生产过程中的材料消耗和能源消耗。

2. 加强资源循环利用

加强资源循环利用是提高资源利用效率的重要途径。通过推广再生资源回收利用、废弃物资源化利用等措施,实现资源的最大化利用和废弃物的最小化排放。政府可以出台相关政策措施,鼓励企业和个人参与资源循环利用活动,形成全社会共同参与的资源循环利用体系。

3. 推动产业转型升级

推动产业转型升级是提高资源利用效率的根本途径。通过发展高新技术产业、现代服务业等低消耗、高附加值的产业模式,降低传统产业的比重和能源消耗水平。同时,鼓励企业采用先进技术和装备进行技术改造和升级换代工作,提高产业生产过程中的自动化、智能化水平和能源利用效率。

（四）提升公众环保意识与参与度

1. 加大环保宣传教育力度

提升公众环保意识是推动未来产业高质量发展的重要基础。为此，应进一步加大环保宣传教育力度，通过各种渠道和形式向公众普及环保知识和法律法规等内容。同时，加强环保宣传教育的针对性和实效性工作，针对不同人群和领域制定差异化的宣传教育方案和内容。

2. 建立公众参与机制

建立公众参与机制是推动未来产业高质量发展的有力保障。通过建立健全公众参与机制和政策措施体系，鼓励公众积极参与生态环境保护和治理工作。政府可以设立环保举报奖励制度、开展环保志愿者活动等方式激发公众参与热情；同时加强公众参与渠道和平台建设工作，确保公众能够便捷地参与到环保工作中来。

3. 提升公众环保意识

提升公众环保意识是推动未来产业高质量发展的内在动力。通过加强环保宣传教育工作和实践活动组织工作等措施，提升公众环保意识水平；同时加强学校环保教育和社会环保实践等工作力度，培养更多具有环保意识和责任感的青年人才。此外，还可以通过媒体宣传和网络传播等方式，扩大环保知识普及范围和影响力范围，从而不断提升全社会对于环保工作重要性和紧迫性的认识水平。

六、管理保障

随着我国经济进入高质量发展阶段，未来产业的发展成为推动经济转型升级和可持续增长的关键力量。为了确保未来产业的高质量发展，管理保障措施显得尤为重要，这包括加强组织领导与协调机制建设、完善监督评估与考核机制以及加强国际合作与交流。以下是对这些保障措施的详细论述。

（一）加强组织领导与协调机制建设

在未来产业高质量发展的进程中,加强组织领导与协调机制建设是首要保障措施。这不仅关乎政策的有效落地,更直接影响到资源的优化配置和各方力量的协同合作。

1. 强化顶层设计与战略规划

加强组织领导与协调机制建设需要从国家层面出发,强化顶层设计与战略规划。通过制定清晰、可操作的未来产业发展规划,明确发展目标、重点任务和路径安排。这些规划应紧密结合国内外经济形势,把握科技革命和产业变革趋势,确保我国在未来产业竞争中占据有利地位。例如,在战略性新兴产业集群和未来产业的发展上,可以借鉴深圳等地的成功经验,结合本地实际,动态调整集群门类,优化调整重点方向。通过制定详细的行动计划,明确各阶段的目标任务和关键抓手,确保各项政策举措有的放矢、精准发力。

2. 建立高效的协调推进机制

加强组织领导与协调机制建设建立高效的协调推进机制至关重要。未来产业的发展涉及多个部门、多个领域,需要打破条块分割、形成工作合力。可以借鉴市、区两级统筹协调推进机制的经验,由高层领导担任召集人,相关部门和单位共同参与,形成定期会商、协同推进的工作格局。在具体实施中,可以通过建立项目发现机制、资源配置机制、诉求协调机制等,确保优质资源向重点产业集群和未来产业倾斜。同时,加强市、区工作联动,市级层面负责整体规划布局和政策制定,区级层面负责配套设施建设和项目落地,形成上下联动、左右协同的工作局面。

3. 提升政府服务效能

提升政府服务效能是加强组织领导与协调机制建设的重要方面。政府应积极转变职能,从管理型政府向服务型政府转变,为企业提供更加便捷、高效的服务。可以通过建立一站式服务平台、优化审批流程、简化办事程序等措施,降低企业运营成本,激发市场活力。同时,政府还应加强政策宣传解读和咨询服务,帮助企业更好地理解和利用政策资源。通过组织专题培训、政策宣讲会等活动,提高企业对政策的知晓率和利用率,确保各项政策举措真正落到实处、见到实效。

（二）完善监督评估与考核机制

完善的监督评估与考核机制是未来产业高质量发展的重要保障。通过建立科学合理的考核评价体系，可以客观评价各地区、各部门的工作成效，及时发现问题和不足，为政策调整和优化提供依据。

1. 构建科学的考核指标体系

完善监督评估与考核机制需要构建科学的考核指标体系。这一体系应涵盖产业结构、创新能力、技术水平、环保水平等多个方面，并根据各行业、企业的实际情况合理设置权重。考核指标应具有时效性和针对性，能够适应经济发展的变化和调整。在具体实施中，可以借鉴国内外先进经验，结合我国未来产业发展的实际情况，制定详细的考核标准和评分细则。同时，注重考核指标的动态调整和优化，确保考核评价体系始终保持科学性和有效性。

2. 创新考核方法和手段

完善监督评估与考核机制需要创新考核方法和手段。传统的考核方法往往侧重于定量指标的评价，而忽略对定性指标和过程指标的考核。在未来产业高质量发展的考核中，应引入多维度、多层次的考核方法，如社会效益评价、生态环境评价等，使得评价更加全面、多样化。同时，充分利用信息化技术提高考核效率。通过建立全国统一的数据平台，收集各项指标数据，实现数据的共享和交流；利用大数据、云计算等先进技术对考核数据进行深度挖掘和分析，为政策制定和决策提供有力支持。

3. 强化考核结果的应用

完善监督评估与考核机制需要强化考核结果的应用。考核结果不仅是评价各地区、各部门工作成效的重要依据，更是政策调整和优化的重要参考。应将考核结果与资源分配、奖惩机制等紧密挂钩，形成有效的激励约束机制。对于考核优秀的地区和部门给予表彰奖励和政策支持；对于考核不合格的地区和部门则要进行通报批评和整改督促。同时，加强对考核结果的跟踪问效和反馈机制建设，确保考核成果真正转化为推动未来产业高质量发展的实际行动。

（三）加强国际合作与交流

在全球经济一体化的背景下，加强国际合作与交流是未来产业高质量发展的必然选择。通过积极参与国际竞争与合作，可以引进先进技术和管理经验，拓宽市场渠道和资源来源，提升我国未来产业的国际竞争力和影响力。

1. 推动产能合作与贸易畅通

加强国际合作与交流，应推动产能合作与贸易畅通。产能合作是"一带一路"建设的核心内容与实体支撑，是推动共建国家合作共赢的现实纽带。我国应继续深化与共建国家的产能合作，通过提供资金、技术、设备和管理等方面的支持，共同建立生产基地和工业园区，形成产业链、供应链的分工合作关系。同时，加强贸易畅通建设，推动贸易和投资自由化便利化。通过签订自贸协定、降低关税壁垒、优化通关流程等措施，促进贸易和投资的增长，加强与共建国家在数字经济、金融服务、商贸旅游等领域的务实合作，推动形成互利共赢的开放型世界经济格局。

2. 加强科技创新与国际合作

加强国际合作与交流，应加强科技创新与国际合作。科技创新是未来产业发展的核心驱动力。我国应积极参与国际科技合作与交流，引进和吸收国外先进技术和管理经验，提升自主创新能力。通过与国际知名科研机构和企业建立合作关系，共同开展前沿科技研究和创新产品开发。同时，加强知识产权保护和国际合作机制建设。通过完善知识产权保护法律法规和政策措施，营造良好的创新环境，积极参与国际知识产权保护组织的工作和活动，推动形成更加公平、合理的国际知识产权保护规则体系。

3. 拓展海外市场与品牌建设

加强国际合作与交流，应拓展海外市场与品牌建设。未来产业的发展离不开广阔的市场空间和强大的品牌影响力。我国应积极拓展海外市场渠道和资源来源，通过参加国际展会、建立海外营销网络等方式提升品牌知名度和美誉度。同时，加强品牌建设和管理工作。通过制定品牌发展战略规划、提升产品质量和服务水平等措施打造具有国际影响力的知名品牌，加强与国外知名品牌的合作与交流，借鉴其成功的品牌管理经验和营销策略，不断提升我国品牌的国际竞争力。

第八章

我国未来产业高质量发展的政策建议与研究展望

第一节　我国未来产业高质量发展的政策建议

在新一轮科技革命和产业变革的浪潮中,未来产业作为具有显著战略性、引领性、颠覆性和不确定性的新兴产业,已成为全球各国竞相布局的关键领域。我国作为世界第二大经济体,正面临从"制造大国"向"制造强国"乃至"创新强国"转变的历史性机遇与挑战。推动未来产业高质量发展,不仅是提升国家竞争力的关键所在,也是实现经济可持续发展、满足人民日益增长的美好生活需要的必由之路。本书旨在从理论角度,系统阐述我国未来产业高质量发展的政策建议,以期为相关政策制定提供参考。

一、明确未来产业发展目标与方向

(一)设定阶段性发展目标

根据《关于推动未来产业创新发展的实施意见》(工信部联科〔2024〕12号)等文件精神,我国未来产业发展应设定清晰的阶段性目标。具体而言,到2025年,应实现未来产业技术创新、产业培育、安全治理等全面发展,部分领域达到国际先进水平,产业规模稳步提升。到2027年,未来产业综合实力显著提升,部分领域实现全球引领,关键核心技术取得重大突破,新技术、新产品、新业态、新模式得到普遍应用,重点产业实现规模化发展。

(二)明确重点发展方向

未来产业的发展应聚焦于六大方向:未来制造、未来信息、未来材料、未来能源、未来空间和未来健康。这些方向代表了当前及未来科技发展的前沿趋势,对于提升我国产业核心竞争力具有重要意义。例如,未来制造将推动智能制造、绿色制造、服务型制造等新型制造模式的发展;未来信息则聚焦于量子信息、区块链、人工智能等前沿信息技术的研发与应用。

二、提升科技创新策源能力

（一）加强前沿技术与"硬科技"创新布局

面向前沿领域和重大需求，我国应持续加强前沿技术和"硬科技"的创新布局。这包括但不限于量子计算、生物基因编辑、纳米材料、人工智能等关键领域。通过设立国家重大科技项目和攻关工程，集中力量突破一批"卡脖子"技术，为未来产业的发展提供坚实的技术支撑。

（二）构建高能级创新平台体系

高能级创新平台是提升科技创新策源能力的重要载体。我国应继续加强国家实验室、全国重点实验室等创新载体的建设，推动产业链创新链融合发展。同时，鼓励龙头企业牵头组建创新联合体，集聚产学研用资源，体系化推进重点领域技术攻关。此外，还应加强与国际一流科研机构的交流合作，共同开展前沿科技研究，提升我国在全球科技竞争中的地位。

（三）推动跨产业技术融合

未来产业的发展离不开跨产业技术的深度融合。我国应积极推动优势产业、前沿技术向未来产业转化，通过技术交叉融合创新，催生新的经济增长点。例如，可以推动信息技术、生物技术、新材料技术等与制造业深度融合，推动制造业向高端化、智能化、绿色化方向发展。

三、优化市场主体结构

（一）加大对企业的资金支持力度

企业是未来产业发展的主体。为了激发市场主体的创新活力，政府应加大对企业的资金支持力度。这包括但不限于设立未来产业发展基金、提供税收优惠、降低融资成本等措施。同时,还应鼓励社会资本参与未来产业的投资,形成多元化、多层次的投资体系。

(二)优化企业培育梯度

优化企业培育梯度是推动未来产业高质量发展的重要举措。我国应构建大中小企业融通发展的生态体系,通过梯度培育专精特新中小企业、高新技术企业和"小巨人"企业,形成一批具有国际竞争力的领军企业。此外,还应支持新型研发机构快速发展,培育多元化的未来产业推进力量。

四、前瞻创造多元应用场景

(一)培育新型产业形态

未来产业的发展离不开新型产业形态的培育。我国应持续营造未来产业早期应用场景,通过政策引导和市场机制双轮驱动,推动新技术、新产品、新业态的快速发展。例如,可以设立未来产业示范区或试验区,为新技术、新产品提供测试和应用平台。

(二)持续营造前沿技术应用孵化场景

为了加速前沿技术的产业化进程,我国应持续营造前沿技术应用孵化场景。这包括但不限于设立创新孵化器、加速器等服务平台,为初创企业和创业团队提供全方位的支持和服务。同时,还应鼓励高校、科研院所与企业开展深度合作,共同推动前沿技术的研发和应用。

五、完善新型经济生态系统

(一)加快推进新基建及应用生态

加快推进新基建及应用生态是未来产业高质量发展的关键。新基建涵盖

5G、大数据中心、人工智能等新一代信息技术基础设施,以及特高压、城际高速交通、新能源汽车充电桩等领域,为数字经济奠定坚实基础,促进各行业数字化转型,加速形成新型经济生态系统。因此,政策上应加大投资力度,优化结构,确保项目高效实施。同时,推动新基建与实体经济深度融合,创新应用场景,培育新产业、新业态、新模式,为产业高质量发展注入新动能。还应注重数据资源的开放共享,建立健全数据交易规则和监管体系,激发数据要素潜力,提升数字经济治理水平。

(二)完善要素市场化配置

要素市场化配置是推动未来产业高质量发展的重要保障,是发挥市场决定性作用的前提和提升经济质量与效益的关键。当前,我国要素市场化改革需进一步深化,尤其在劳动力、土地、资本、技术、数据等领域。在政策上应破除制度性障碍,推动要素价格市场化改革,构建要素自由流动、市场竞争形成、价格灵活的要素价格体系。在此过程中,需注重政府与市场的关系,既要发挥市场的决定性作用,又要政府通过政策引导和支持,促进要素向高效益领域流动,推动产业高质量发展。

六、加强国际国内创新合作

(一)推动产业合作"引进来"与"走出去"

加强国际国内创新合作是推动未来产业高质量发展的重要途径。我国应积极推动产业合作"引进来"与"走出去",开创内外互促的新局面。具体而言,可以通过吸引外资设立研发中心、共建产业园区等方式引进国外先进技术和管理经验;同时鼓励国内企业"走出去"参与国际竞争与合作,提升我国在全球产业链中的地位和影响力。

(二)推动区域协同创新合作

区域协同创新合作是推动未来产业高质量发展的重要力量。我国应推动北京、上海、深圳等国内创新中心城市加强未来产业的战略合作,共建区域协同创新合作体系。通过加强区域间的政策协同、资源共享和人才流动等方面的合作,可以形成优势互补、协同发展的良好局面,共同推动未来产业的高质量发展。

七、推进科技伦理体系建设

(一)试点推进科技伦理体制机制建设

科技伦理是保障未来产业健康发展的重要基石。我国应面向重点领域试点推进科技伦理体制机制建设,明确科技研发和应用中的伦理规范和责任主体。通过建立健全科技伦理审查制度、加强科技伦理教育和宣传等措施的实施,可以有效提升全社会的科技伦理素养和责任意识,为未来产业的健康发展提供有力保障。

(二)加强科技伦理监管与评估

为了确保科技伦理规范的有效实施,我国还应加强科技伦理监管与评估工作。具体而言,可以设立专门的科技伦理监管机构或委员会,负责科技研发和应用中的伦理监管与评估工作;同时,建立健全科技伦理评估指标体系和方法论体系,为科技伦理监管提供科学依据和技术支持。

八、纵深推进体制机制改革

(一)健全产业发展环境

体制机制改革是推动未来产业高质量发展的关键所在。我国应在政策、机制、模式创新上积极探索,打造"新样板",以健全产业发展环境。具体而言,可以深化"放管服"改革,优化营商环境;加强知识产权保护和创新激励制度建设;推动形成公平竞争的市场环境等。通过这些措施的实施,可以有效激发市场主体的创新活力,推动未来产业的高质量发展。

（二）加强人才引培体制机制建设

人才是未来产业发展的第一资源。我国应加强人才引培体制机制建设，充分发挥人才的"强磁"作用。具体而言，可以加大高端人才引进力度，优化人才培养结构，提升人才培养质量；同时，加强校企合作和产学研用协同创新，推动人才培养与产业需求紧密对接等。通过这些措施的实施，可以有效提升我国在未来产业领域的人才竞争力，为未来产业的发展提供坚实的人才保障。

（三）深化科技体制改革

深化科技体制改革是推动未来产业高质量发展的重要保障。我国应继续深化科技体制改革，优化创新环境，激发创新活力。具体而言，可以加强科研项目管理改革，提升科研项目管理的科学性和规范性；推动科技成果转移转化机制创新，促进科技成果向现实生产力转化；加强科研诚信体系建设，营造风清气正的科研环境等。通过这些措施的实施，可以有效提升我国科技创新体系的整体效能，为未来产业的发展提供有力的科技支撑。

九、强化新型基础设施支撑作用

（一）加快新型基础设施建设

新型基础设施是未来产业发展的重要支撑。我国应加快 5G、算力基础设施、工业互联网、物联网等新型基础设施的建设步伐，提升新型基础设施的覆盖范围和服务能力。同时，还应加强新型基础设施与传统基础设施的融合发展，推动传统基础设施的数字化转型和智能化升级，为未来产业的发展提供更加坚实的基础设施保障。

（二）推动新技术与基础设施融合应用

为了充分发挥新型基础设施的支撑作用，我国还应积极推动新技术与基础设施的融合应用。具体而言,可以推动新一代信息技术与制造业深度融合,加快推动制造业向高端化、智能化、绿色化方向发展;推动数字技术与服务业深度融合,提升服务业的创新能力和服务水平;推动数字技术与农业深度融合,推动农业现代化进程等。通过这些措施的实施,可以有效提升我国基础设施的智能化水平和综合服务能力,为未来产业的发展提供更加有力的支撑。

第二节 研究展望

展望未来,我国未来产业的发展将保持向好向优的趋势。随着国家相关部门和地方政府对未来产业政策支持力度的不断加大,以及关键领域技术创新的不断提速,未来产业将迎来更加广阔的发展空间。本书将从技术创新将持续加速、产业集群将加速形成、国际竞争将更加激烈、产业生态将更加完善四个方面,对我国未来产业高质量发展的研究展望进行详细阐述。

一、技术创新将持续加速

(一)前沿技术突破引领创新潮流

未来产业的发展高度依赖于前沿技术的突破与应用。量子信息、人工智能、生物技术等领域的持续创新,将为未来产业提供强大的技术支撑。我国在这些领域已取得了显著进展,但仍需进一步加大研发投入,突破关键核心技术,形成自主可控的技术体系。例如,量子计算作为未来信息技术的重要方向,其潜在的计算能力将远超现有经典计算机,对于解决复杂问题和推动产业升级具有重大意义。我国应加快量子芯片、量子网络等核心技术的研发,推动量子计算从实验室走向产业化应用。

(二)跨界融合催生新业态新模式

未来产业的发展不仅是单一技术的突破,更是多学科、多领域技术的跨界融合。随着物联网、大数据、云计算等技术的不断成熟,智能制造、智慧医疗、智慧城市等新业态新模式不断涌现。我国应把握这一趋势,推动信息技术与传统产业的深度融合,促进产业转型升级和高质量发展。例如,在智能制造领域,通过引入人工智能、工业互联网等先进技术,实现生产过程的智能化、网络化、服务化,提高生产效率和产品质量。

（三）创新生态体系日益完善

技术创新离不开良好的创新生态体系。我国应继续优化创新环境,加强产学研用协同创新,推动科技成果的转化与应用。一方面,要建立健全科技创新政策体系,加大对科技创新的支持力度;另一方面,要加强创新人才培养和引进,打造具有国际竞争力的创新团队。同时,要推动创新平台的建设和共享,促进知识、技术、人才等创新资源的有效流动和配置。

二、产业集群将加速形成

（一）产业集群效应显著增强

产业集群是未来产业发展的重要载体。通过产业集聚效应,可以实现资源共享、优势互补、协同创新,推动产业快速发展。我国应依托现有产业基础和资源禀赋,加快未来产业集群的建设和发展。例如,在人工智能领域,可以围绕北京、上海、深圳等创新高地,打造人工智能产业集群;在新能源汽车领域,可以依托长三角、珠三角等地区的新能源汽车产业基础,推动产业链上下游企业的协同发展。

（二）产业链供应链协同优化

未来产业的发展需要完善的产业链供应链支撑。我国应加强产业链供应链的协同优化,推动上下游企业的紧密合作和协同发展。一方面,要加强产业链关键环节的技术攻关和产品研发,提高产业链的自主可控能力;另一方面,要加强供应链的数字化、智能化建设,提高供应链的响应速度和灵活性。通过产业链供应链的协同优化,可以降低生产成本、提高产品质量、增强市场竞争力。

（三）区域协同发展格局加速形成

未来产业的发展需要区域间的协同合作。我国应推动区域间的协同发展,加强区域间的产业合作和资源共享。一方面,要打破行政壁垒和市场分割,推动区域间要素的自由流动和优化配置;另一方面,要加强区域间的产业分工和协作,形成优势互补、错位发展的格局。通过区域协同发展,可以实现资源的优化配置和产业的协同发展,推动未来产业的高质量发展。

三、国际竞争将更加激烈

(一)全球科技竞争态势加剧

随着全球科技革命和产业变革的深入发展,各国对未来产业的重视程度不断提高,国际科技竞争态势日益加剧。美国、欧盟、日本等发达国家和地区纷纷出台一系列政策措施,加大对未来产业的投入和支持力度。我国应清醒认识到这一形势的严峻性,积极应对国际科技竞争挑战,加强自主创新能力建设,提高国际竞争力。

(二)国际合作与竞争并存

未来产业的发展既需要国际合作也需要国际竞争。我国应秉持开放合作的态度,积极参与国际科技合作与交流,引进和借鉴国际先进技术和经验。同时,也要增强国际竞争意识,加强知识产权保护和技术标准制定等方面的工作,维护自身利益和长远发展。通过国际合作与竞争的有机结合,可以推动我国未来产业在全球范围内的快速发展和广泛应用。

(三)全球化布局加速推进

随着全球化进程的加速推进,未来产业的发展也将呈现出全球化布局的趋势。我国应积极参与全球产业链供应链的重构和优化调整工作,推动自身在全球产业链供应链中的地位和作用不断提升。同时,也要加强海外市场的开拓和布局工作,推动未来产业产品和技术在全球范围内的广泛应用和推广。通过全球化布局的实现,可以拓宽我国未来产业的发展空间和市场份额。

四、产业生态将更加完善

(一)法律法规体系不断完善

未来产业的发展需要完善的法律法规体系作为保障。我国应加快制定和完善相关法律法规及政策措施,为未来产业提供有力的法律保障和政策支持。具体而言,一方面要加强知识产权保护工作,加大对侵权行为的打击力度;另一方面,要加强数据安全和隐私保护等方面的立法,确保个人和企业的合法权益不受侵犯。通过不断完善法律法规体系,可以推动未来产业健康有序地发展。

(二)投融资体系日益健全

未来产业的发展需要大量的资金投入和支持。我国应加快构建健全的投融资体系,为未来产业提供多元化的融资渠道和资金支持。具体而言,一方面要鼓励社会资本进入未来产业领域进行投资和创新;另一方面,要加强政府引导基金的设立和运作,通过政府资金的引导和撬动作用,吸引更多社会资本投入未来产业领域。同时,还需加强金融机构对未来产业的支持力度,提升服务水平,促进未来产业的快速健康发展。

(三)人才队伍不断壮大

未来产业的发展离不开高素质人才队伍的支撑。我国应加快构建高素质的未来产业人才队伍体系,通过加强人才培养和引进工作,提升人才队伍的素质和水平。具体而言,一方面要加强高校和科研机构对未来产业领域人才的培养和输送;另一方面,要加强海外高层次人才的引进,吸引更多优秀人才来华创新创业。同时,还需加强职业技能培训和继续教育等工作,提高广大劳动者的素质和技能水平,为未来产业的发展提供有力的人才保障和支持。

五、结语

综上所述,我国未来产业的高质量发展是一个长期而复杂的过程,需要政府、企业、科研机构和社会各界的共同努力和协同推进。通过持续的技术创新、产业集群建设、提升国际竞争力和完善产业生态等措施的实施,可以推动我国未来产业实现高质量发展,为经济社会发展注入新的动力和活力。展望未来,我国未来产业发展前景广阔、潜力巨大,将成为推动经济社会高质量发展的重要力量。同时,也应清醒认识到未来产业发展过程中面临的挑战和风险,保持战略定力和战略耐心,以更加开放包容的态度积极参与全球科技竞争与合作,共同推动人类社会的进步和发展。

参考文献

[1] 徐凌验,胡拥军.全球三大重大前沿技术发展趋势及未来产业前瞻布局展望[J].中国物价,2024(6):96-100.

[2] 谢芬,杜坤伦.未来产业高质量发展的生命周期演化与政策体系构建[J].江海学刊,2024(4):96-103.

[3] 谢科范,陈云,江婷.未来产业:内涵特征、成长模式与发展策略[J].新经济导刊,2022(3):26-30.

[4] 吴娜.我国将围绕六大方向超前布局未来产业[N].北京日报,2024-07-06(004).

[5] 彭健,滕学强.未来产业发展动向及趋势展望[J].软件和集成电路,2023(4):62-65.

[6] 孙美玉,李雨凌,李雪霖,等."十五五"时期我国未来产业发展形势研判及思路建议[J].软件和集成电路,2024(7):18-22.

[7] 温珂,张宁宁,李振国,等.加快完善支持企业基础研究的政策体系[J].中国科学院院刊,2023,38(4):602-613.

[8] 田思雨,李勇建.智能网联汽车供应链风险识别与评价研究[J].供应链管理,2022,3(7):37-51.

[9] 刘云.论可解释的人工智能之制度构建[J].江汉论坛,2020(12):113-119.

[10] 郑诚慧.元宇宙关键技术及与数字孪生的异同[J].网络安全技术与应用,2022(9):124-126.

[11] 刘青,刘滨,王冠,等.数字孪生的模型、问题与进展研究[J].河北科技大学学报,2019,40(1):67-78.

[12] 张爱军,周杨.元宇宙与虚拟空间共同体的建构[J].行政论坛,2022,29(4):21-28.

[13] 林立.元宇宙图书馆 3D/VR 资源建设与服务:以美国图书馆 3D/VR 资源服务项目为例[J].图书馆论坛,2023,43(6):124-132.

[14] 冯琦琦,董志明,彭文成,等.几种典型的虚实融合技术发展研究[J].系统仿真学报,2023,35(12):2497-2511.

[15] 苗田,张旭,熊辉,等.数字孪生技术在产品生命周期中的应用与展望[J].计算机集成制造系统,2019,25(6):1546-1558.

[16] 周祖德,姚碧涛.数字制造的科学体系与技术架构[J].机械工程学报,2023,59(19):126-151.

[17] 刘兆明.作为人机交互范式的元宇宙:历史考察与模型构建[J].上海师范大学学报(哲学社会科学版),2023,52(5):93-105.

[18] 高富平,冉高苒.数据要素市场形成论:一种数据要素治理的机制框架[J].上海经济研究,2022,34(9):70-86.

[19] 宁瑞忻,朱尊杰,邵碧尧,等.基于视觉的虚拟现实与增强现实融合技术[J].科技导报,2018,36(9):25-31.

[20] 郭磊,张红旗,程五四,等.基于数据驱动的数字孪生技术研究现状与展望[J].机械,2023,50(7):1-10.

[21] 杨阳,钟振宇,王翔,等.工业元宇宙实践与思考[J].新型工业化,2024,14(1):20-28.

[22] 江苏省人民政府办公厅关于印发江苏省制造业智能化改造和数字化转型三年行动计划(2022—2024年)的通知(苏政办发〔2021〕109号)[J].江苏省人民政府公报,2022(2):106-111.

[23] 王安琪."一带一路"下江苏省制造业转型升级路径研究[J].江苏商论,2018(6):42-46.

[24] 朱高峰,王迪.当前中国制造业发展情况分析与展望:基于制造强国评价指标体系[J].管理工程学报,2017,31(4):1-7.

[25] 熊立贵,陈娃蕊,蔡昭华,等.高质量发展要务下先进制造业集群竞争力提升路径与策略研究[J].智能制造,2023(2):38-40.

[26] 蔡逸,沈玉青,杜雨晴.5G+引领新变革 江苏制造迈入"数智时代"[N].江苏经济报,2023-08-10(A01).

[27] 陈晓峰.先行一步培育世界级先进制造业集群[J].群众,2018(2):35-38.

[28] 张越,余江,杨娅,等.颠覆性技术驱动的未来产业培育模式与路径研究:美国布局下一代集成电路产业的启示[J].中国科学院院刊,2023,38(6):895-906.

[29] 杨丹辉.脑科学和类脑智能的发展前景展望[J].人民论坛,2023(16):40-44.

[30] 徐强.长三角类脑智能产业"浙江路径"[J].信息化建设,2022(1):60-63.

[31] 全球首款,阿里达摩院成功研发基于DRAM的3D键合堆叠存算一体芯片[J].世界电子元器件,2021(12):5-7.

[32] 王娟娟.新质生产力对产业布局的影响与区域锁定[J].贵州师范大学学报(社会科学版),2024(4):32-44.

[33] 邱斌,吴可心.以未来产业支撑新质生产力发展:理论逻辑与实践路径[J].江海学刊,2024(4):87-95,255.

[34] 龙海波.未来产业创新生态:框架、实践与动能[J].人民论坛·学术前沿,2024(12):29-39.

[35] 史占中."数字+算法"驱动未来产业生态演进与培育研究[J].人民论坛·学术前沿,2024(12):40-48.

[36] 方敏,李景平.未来产业与科技创新:双生态培育的理论框架与路径探寻[J].人民论坛·学术前沿,2024(12):72-79.

[37] 陈凯华.以需求和情景为牵引培育未来产业创新生态[J].人民论坛·学术前沿,2024(12):22-28.

[38] 王小林.欠发达地区布局建设未来产业的实践探索[J].人民论坛·学术前沿,2024(12):49-55.

[39] 宋宪萍.从赋能到使能:人工智能驱动下的未来产业培育[J].人民论坛·学术前沿,2024(12):80-89.

[40] 孟庆涛,郝珂.新质生产力构建背景下未来产业研究热点分析[J].科技经济导刊,2024,32(3):1-14.

[41] 陈梦根,张可.新质生产力与现代化产业体系建设[J].改革,2024(6):58-69.

[42] 茹丽洁.借鉴国外未来产业发展经验,加快培育新质生产力[J].中国电信业,2024(6):24-28.

[43] 周丽莎.国资央企布局战略性新兴产业和未来产业的实践路径研究[J].现代国企研究,2024(6):18-23.

[44] 徐凌验,胡拥军.全球三大重大前沿技术发展趋势及未来产业前瞻布局展望[J].中国物价,2024(6):96-100.

[45] 刘昆,张小路,程光宏,等.安徽省未来产业发展现状、选择机制及发展路径研究[J].现代管理科学,2024(3):62-72.

[46] 杨秀丽,张犁朦.基于关键词共现分析的国内外未来产业发展重点研究[J].全球科技经济瞭望,2024,39(5):65-76.

[47] 李松.我国未来产业发展现状、经验借鉴与政策举措[J].产业创新研究,2024(10):4-6.

[48] 查玮,杨雨潇,胡胜蓉.浙江省脑机接口产业发展趋势研究[J].信息通信技术与政策,2024,50(5):47-53.

[49] 李子文.构建支持未来产业发展的政策体系[J].智慧中国,2024(5):18-20.

[50] 刘文强.未来产业创新发展研判与思考[J].软件和集成电路,2024(5):22-24.

[51] 韩健,姜军成,吕卫锋,等.构建未来产业创新生态[J].软件和集成电路,2024(5):39-42.

[52] 王小林,金冉.未来产业:政策扩散与路径选择[J].社会科学战线,2024,347(5):63-75,294.

[53] 王鹏,朱彦旭.新质生产力视域下的未来产业:理论逻辑与发展思路[J].特区实践与理论,2024(2):13-19.

[54] 中国社会科学院工业经济研究所课题组.我国发展未来产业的优势[J].中国发展观察,2024(4):123-126.

[55] 李春成.未来产业与创新生态升维:内容框架与路径[J].科技智囊,2024(3):8-15.

[56] 麦彬承,林梓煌.未来产业重点发展方向如何选择及布局?[J].中国电信业,2024(3):37-41.

附录1 《关于推动未来产业创新发展的实施意见》解读[①]

一、《实施意见》出台的背景是怎样的？

党中央、国务院高度重视未来产业发展。习近平总书记2023年9月在黑龙江考察时指出："积极培育未来产业,加快形成新质生产力,增强发展新动能。"中央经济工作会议指出："要以科技创新推动产业创新,特别是以颠覆性技术和前沿技术催生新产业、新模式、新动能,发展新质生产力。"《中华人民共和国国民经济和社会发展第十四个五年规划和2035年远景目标纲要》明确提出要谋划布局一批未来产业。

当前,新一轮科技革命和产业变革加速演进,重大前沿技术、颠覆性技术持续涌现,科技创新和产业发展融合不断加深,催生出元宇宙、人形机器人、脑机接口、量子信息等新产业发展方向,大力培育未来产业已成为引领科技进步、带动产业升级、开辟新赛道、塑造新质生产力的战略选择。我国具备工业体系完整、产业规模庞大、应用场景丰富等综合优势,为未来产业发展提供了丰厚的土壤。各省(区、市)积极培育未来产业,北京、上海、江苏、浙江等地出台了培育未来产业的政策文件。但我国未来产业发展也面临系统谋划不足、技术底座不牢等问题。

为把握新一轮科技革命和产业变革机遇,加强对未来产业的前瞻谋划、政策引导,围绕制造业主战场加快发展未来产业,支撑推进新型工业化,加快形成新质生产力,工业和信息化部等7部门联合出台《关于推动未来产业创新发展的实施意见》(简称《实施意见》)。

二、《实施意见》的主要目标是如何考虑的？

《实施意见》遵循未来产业发展规律,从技术创新、产品突破、企业培育、场景开拓、产业竞争力等方面提出到2025年和到2027年的发展目标。

[①] 资料来源：https://www.miit.gov.cn/zwgk/zcjd/art/2024/art_668516c79842469eaacad07738bf6408.html。

到 2025 年,未来产业技术创新、产业培育、安全治理等全面发展,部分领域达到国际先进水平,产业规模稳步提升。建设一批未来产业孵化器和先导区,突破百项前沿关键核心技术,形成百项标志性产品,打造百家领军企业,开拓百项典型应用场景,制定百项关键标准,培育百家专业服务机构,初步形成符合我国实际的未来产业发展模式。

到 2027 年,未来产业综合实力显著提升,部分领域实现全球引领。关键核心技术取得重大突破,一批新技术、新产品、新业态、新模式得到普遍应用,重点产业实现规模化发展,培育一批生态主导型领军企业,构建未来产业和优势产业、新兴产业、传统产业协同联动的发展格局,形成可持续发展的长效机制,成为世界未来产业重要策源地。

三、《实施意见》如何部署前沿技术催生未来产业?

未来产业发展的核心是前沿技术的创新突破,《实施意见》按照"技术创新—前瞻识别—成果转化"的思路,提出推动前沿技术产业化的具体举措。

一是抓创新。面向未来制造、未来信息、未来材料、未来能源、未来空间、未来健康等 6 大重点方向,实施国家科技重大项目和重大科技攻关,发挥国家实验室、全国重点实验室等创新载体作用,鼓励龙头企业牵头成立创新联合体,体系化推进关键核心技术攻关。二是精识别。打造未来产业瞭望站,跟踪重点领域科技发展动向,聚焦前沿热点,利用人工智能、先进计算等技术,精准识别具备高水平技术突破、高潜能产业化前景的技术创新。三是促转化。定期发布前沿技术推广目录,高水平建设未来产业成果"线上发布大厅",打造产品交易平台,举办成果对接展会,提供精准对接。高水平建设技术市场和科技企业孵化器,高效整合创新优势资源,推动先进科技成果落地转化。

四、如何构建未来产业体系和发展生态?

《实施意见》围绕技术供给、产品打造、主体培育、丰富场景、支撑体系等方面,构建未来产业的发展生态。

一是强化技术供给。发挥国家战略科技力量和领军企业作用,加快前沿技术和颠覆性技术突破,打造原创技术策源地。二是打造标志性产品。突破下一代智能终端,发展适应通用智能趋势的工业终端、面向数字生活新需求的消费级终端、智能适老的医疗健康终端和具备爆发潜能的超级终端。做优信息服务产品,发展下一代操作系统,推广开源技术。做强未来高端装备,突破人形机器人、量子计算机等产品。三是壮大产业主体。引导领军企业前瞻谋划新赛道,实施中央企业未来产业启航行动计划。建设未来产业创新型中小企业孵化基地,梯度培育专精特新中小企业、高新技术企业和"小巨人"企业。依托龙头企业培育未来产业的产业链,建设先进技术体系。创建未来产业先导区,推动产业特色化集聚发展。加强产学研用协作,促进大中小企业融通发展、产业链上下游协同创新的生态体系。四是丰富应用场景。围绕装备、原材料、消费品等重点领域,面向设计、生产、检测、运维等环节打造应用试验场。加快工业元宇宙、生物制造等新兴场景推广。依托载人航天、深海深地等重大工程和项目场景,加速探索未来空间方向的成果创新应用。定期遴选发布典型应用场景清单和推荐目录,通过标杆示范、供需对接等方式建设标志性场景。五是优化产业支撑体系。实施新产业标准化领航工程,统筹布局未来产业标准化发展路线,加快重点标准研制。同步构建中试能力,为关键技术验证提供试用环境,加快推进新技术向现实生产力转化。大力培育未来产业领军企业家和科学家,优化鼓励原创、宽容失败的创新创业环境。深入推进5G、算力基础设施、工业互联网、物联网、车联网、千兆光网等建设,构建高速泛在、集成互联、智能绿色、安全高效的新型数字基础设施。

五、为推动重点任务实施,《实施意见》提出哪些保障措施?

《实施意见》从统筹协调、金融支持、安全治理、国际合作等四方面提出保障措施。一是加强统筹协调。加强部际协同、央地协作,以实施意见为指南,围绕脑机接口、量子信息等专业领域制定专项政策文件,形成完备的未来产业政策体系。二是加大金融支持。带动资本投早投小投硬科技,完善金融财税支持政策,鼓励政策性银行和金融机构等加大投入,引导地方设立未来产业专项资金。三是强化安全治理。坚持包容审慎的治理理念,加强伦理规范研究,科学划定"红线"和"底线",构建鉴别—评估—防御—治理一体化机制。四是深化国际合作。鼓励国内企业与研究机构走出去,鼓励跨国公司、国外科研机构等在我国建设前沿技术研发中心,加强与相关国际组织合作,积极贡献中国产品、中国方案和中国智慧。

附录2　部分省市关于"未来产业"政策出台情况[①]

地区	发布时间	文件名称	要点
山西	2021年4月	《山西省"十四五"未来产业发展规划》	重点发展信息技术应用创新、大数据融合创新、碳基新材料、特种金属材料、半导体、智能网联、新能源汽车等9个主导性未来产业,云计算与工业互联网、煤炭清洁高效利用、核能、氢能等7个先导性未来产业,碳基芯片、高速飞车等4个颠覆性未来产业,人工智能、数字孪生与虚拟现实、智能传感及物联网等5个前瞻性未来产业
山西	2022年2月	《山西省未来产业培育工程行动方案》	重点发展人工智能、数字孪生与虚拟现实、智能传感及物联网、区块链、氢能、核能、量子产业、碳基芯片、高速飞车等9大产业
北京	2023年9月	《北京市促进未来产业创新发展实施方案》	到2030年,本市将形成一批颠覆性技术和重大原创成果,培育一批行业领军企业、独角兽企业,培养引进一批战略科学家、产业领军人才、产业经理人和卓越工程师;到2035年,集聚一批具有国际影响力和话语权的创新主体,成为全球未来产业发展的引领者
上海	2022年9月	《上海打造未来产业创新高地,发展壮大未来产业集群行动方案》	到2030年,在未来健康、未来智能、未来能源、未来空间、未来材料等领域涌现一批具有世界影响力的硬核成果、创新企业和领军人才,未来产业产值达到5 000亿元左右;到2035年,形成若干领跑全球的未来产业集群

[①] 资料来源:根据各省市政府网站公布的未来产业相关政策文件整理。

续表

地区	发布时间	文件名称	要点
江苏	2023年11月	《省政府关于加快培育发展未来产业的指导意见》	到2025年,建设10个未来产业(技术)研究院、未来技术学院、未来产业科技园等平台载体,引育50个未来产业领军人才(团队),重点领域、关键产业实现从小到大、从无到有,初步形成"10+X"未来产业体系;到2030年,未来产业形成较大规模,10个成长型未来产业实现从大到强、从有到优,成为经济发展的重要驱动力量;到2035年,未来产业规模进一步壮大,形成自主可控、系统完备、先进安全的未来产业体系,未来产业成为现代化产业体系的重要支柱,江苏成为全球未来产业创新策源地和发展高地
浙江	2023年2月	《浙江省人民政府办公厅关于培育发展未来产业的指导意见》	到2035年,未来产业成为我省经济发展的重要驱动力量,形成一批具有全球竞争力的创新成果,打造5组未来产业国际公共专利池,培育5家以上具有全球影响力的未来产业"链主"企业,构建5个以上规模超千亿元的未来产业集群,成为全球未来产业创新发展高地和优质企业集聚地
广东	2023年2月	《广东省培育发展未来产业集群行动计划编制工作方案》	围绕三大科创高地建设,优先发展未来网络等9个创新基础良好、成长较快的未来产业;培育发展量子信息等6个力量尚在集聚、远期潜力巨大的未来产业。到2025年,涌现一批有影响力的未来技术、创新应用、头部企业和领军人才,形成有竞争力的未来产业体系

续表

地区	发布时间	文件名称	要点
安徽	2024年2月	《安徽省未来产业先导区建设方案（试行）》	到2027年，在通用智能、量子科技、空天信息、低碳能源、先进材料、人形机器人等具有比较优势的领域建设10个左右省级未来产业先导区，积极创建国家级未来产业先导区。到2030年，累计建设30个左右省级未来产业先导区，支撑未来产业发展的创新网络、培育链条、政策体系基本完善，重点领域、关键技术实现重大突破，培育一批具有生态主导力和产业链控制力的一流企业，引领未来产业从大到强、从有到优，成为我省经济发展的重要支撑力量
湖北	2024年6月	《湖北省加快未来产业发展实施方案（2024—2026年）》	到2026年，未来产业技术创新、企业培育、产业发展、载体建设等取得突破性进展，组织100项原创性、颠覆性技术攻关，培育100个引领性、创新性产品，制定100项关键标准和规范，打造100个标志性应用场景，发展壮大100家科技领军企业和创新型龙头企业，建设10家未来产业科技园和未来产业先导区，未来产业总体规模达到1000亿元。到2035年，未来产业成为全省经济社会发展的重要驱动力，涌现一批引领世界的重大原创成果和示范应用场景，集聚一批头部企业和重大平台，汇聚一批顶尖创新人才，形成若干未来产业集群，未来产业总体规模达到万亿级，推动湖北成为未来产业重要策源地和发展高地

续表

地区	发布时间	文件名称	要点
黑龙江	2024年7月	《黑龙江省未来产业孵化加速计划（2024—2027年）》	到2027年，黑龙江省将建设一批未来产业孵化器和先导区，打造一批未来产业支撑平台，突破一批前沿技术，形成一批标志性产品，培育一批骨干企业，促进未来产业技术创新、产业培育、安全治理等全面发展，部分领域达到国内先进水平，产业规模稳步提升，为加快构建"4567"现代化产业体系提供强力支撑 以新兴产业的高端化升级和前沿技术的产业化落地为主线，前瞻谋划布局孵化培育未来制造、未来信息、未来材料、未来空间、未来能源、未来健康6大方向18个高增长高潜能细分领域产业，加力孵化市场主体，促进我省形成新质生产力，不断增强发展新动能
苏州	2023年9月	《苏州市人民政府关于加快培育未来产业的工作意见》	到2030年，重点突破一批填补国内空白的关键核心技术，未来产业与战略性新兴产业、优势主导产业形成有效衔接，全市未来产业总产值突破5 000亿元；到2035年，形成1～2个领跑全国的千亿级未来产业创新集群，全市未来产业总产值突破10 000亿元 重点领域：结合苏州市电子信息、装备制造、生物医药、先进材料四大主导产业的规模优势，依托光子、集成电路、人工智能、新能源、创新药物、纳米新材料等战略性新兴产业的发展优势，重点发展前沿新材料、光子芯片与光器件、元宇宙、氢能、数字金融、细胞和基因诊疗、空天开发、量子技术等未来产业

续表

地区	发布时间	文件名称	要点
成都	2024年1月	《成都市人民政府关于前瞻培育未来产业构筑高质量发展新动能的实施意见》	未来5到10年,在前沿生物、先进能源、未来交通、数字智能、泛在网络、新型材料等重点培育领域,掌握一批具有自主知识产权的关键核心技术,涌现一批具有国内外行业影响力的颠覆性产品及服务,培育若干资本市场认可,具备行业号召力的未来产业"瞪羚"企业和"独角兽"企业,形成若干先发优势突出、"四链"深度耦合、具备一定国际竞争力的未来产业集群,逐步形成服务国家战略大后方的未来产业新前沿
深圳	2024年3月	《关于加快发展新质生产力进一步推进战略性新兴产业集群和未来产业高质量发展的实施方案》	到2025年,战略性新兴产业集群规模稳步提升,未来产业整体成势,企业综合竞争力显著增强、创新能力明显提高,具有深圳特点和深圳优势的现代化产业体系持续完善,战略性新兴产业集群和未来产业成为发展新质生产力的主阵地。战略性新兴产业增加值超过1.6万亿元,经济社会高质量发展主引擎作用进一步强化。打造形成4个万亿级、4个五千亿级、一批千亿级产业集群。规模以上工业企业超过1.5万家,国家高新技术企业超过2.5万家

附录3　我国8大新兴产业＋9大未来产业发展分析[①]

一、8大新兴产业发展概况

（一）新一代信息技术产业

新一代信息技术产业主要包括电子信息制造业以及软件和信息技术服务业。2022年，我国电子信息制造业实现营业收入15.4万亿元，同比增长5.5%；营业成本13.4万亿元，同比增长6.2%；实现利润总额7390亿元；软件和信息技术服务业规模以上企业超3.5万家，累计完成软件业务收入108 126亿元，同比增长11.2%；利润总额12 648亿元，同比增长5.7%；软件业务出口524.1亿美元，同比增长3.0%。当前，我国新一代信息技术产业已形成珠三角、长三角、环渤海和中西部四大产业集聚区。

珠三角新一代信息技术产业初步形成以深圳为研发中心，东莞、惠州等市为生产基地的珠江东岸电子信息产业集聚区，在智能终端、信息通信、集成电路设计等领域具有良好产业基础。

长三角新一代信息技术产业形成以电子器件、信息通信、集成电路、新型显示等为代表的新一代信息技术产业体系，产业主要集聚在上海、杭州、南京、无锡、苏州、合肥等地。

环渤海地区新一代信息技术产业主要集聚在北京、天津、石家庄、青岛、济南等地，重点发展集成电路、新型显示、电子元器件、软件、信息技术服务、云计算、大数据等领域。

中西部地区新一代信息技术产业主要集聚在重庆、成都、武汉、长沙、西安等地，重点发展半导体材料、新型显示、集成电路、电子元器件、智能终端、高端软件等领域。

[①] 资料来源：https://baijiahao.baidu.com/s?id=1784445297377006995l&wfr=spider&for=pc.

（二）新能源产业

2022年，全国风电、光伏发电新增装机突破1.2亿千瓦，达到1.25亿千瓦，连续三年突破1亿千瓦，再创历史新高；风电、光伏发电量突破1万亿千瓦时，达到1.19万亿千瓦时，较2021年增加2073亿千瓦时，同比增长21%，占全社会用电量的13.8%，同比提高2个百分点，接近全国城乡居民生活用电量。

以沙漠、戈壁、荒漠地区为重点的大型风电光伏基地建设进展顺利，第一批9705万千瓦基地项目已全面开工、部分已建成投产，第二批基地部分项目陆续开工，第三批基地已形成项目清单。陆上6兆瓦级、海上10兆瓦级风机已成为主流，量产单晶硅电池的平均转换效率已达到23.1%。

光伏治沙、"农业＋光伏"、可再生能源制氢等新模式新业态不断涌现，分布式成为风电光伏发展主要方式，2022年，分布式光伏新增装机5111万千瓦，占当年光伏新增装机58%以上。全球新能源产业重心进一步向中国转移，我国生产的光伏组件、风力发电机、齿轮箱等关键零部件占全球市场份额70%。

（三）新材料产业

新材料产业是关系国家安全和发展大局的战略性、基础性、先导性产业。目前，我国形成全球门类最齐全、体系较为完整、规模第一的材料产业体系，先进储能材料、光伏材料、超硬材料等新材料产能居世界前列。2022年，我国新材料产业总产值约6.8万亿元，较2012年增长近6倍，成为稳定经济增长的重要支撑。

我国新材料领域建立了6个国家制造业创新中心，布局建设生产应用示范、测试评价、资源共享三类32个国家新材料重点平台。一批重大关键材料取得突破性进展，涌现了一批原创性前沿技术，例如，铝合金薄板等应用于C919大飞机；第二代高温超导材料，支撑了世界首条35千伏公里级高温超导电缆示范工程上网通电运行。拥有专精特新"小巨人"企业1972家、制造业单项冠军企业248家，培育形成了一批碳纤维及其复合材料、超导材料等重点领域龙头企业，大中小企业融通发展生态加速形成，优势企业集聚发展形成7个新材料类国家先进制造业集群，成为区域经济增长的"加速器"。

（四）高端装备产业

高端装备制造业是装备制造业的高端领域，技术含量高，处于价值链的高端和产业链的核心环节，决定着整个产业的综合竞争力。2022年，我国高端装备制造行业产值规模达到21.3万亿元；高端装备制造行业央企的上市公司总利润为1267亿元，营业收入为1.95万亿元，同比分别增长5.8%和2.2%；机器人行业营业收入超过1700亿元，继续保持两位数增长，工业机器人销量占全球的一半以上，连续10年居世界首位；工程机械出口额达443亿美元，同比增长30.2%，创下历史新高。当前，我国高端装备制造业已形成环渤海、长三角、珠三角和中西部等多个产业集聚区。

（五）新能源汽车产业

2022年，我国新能源汽车产销分别完成705.8万辆和688.7万辆，同比分别增长96.9%和93.4%，连续8年保持全球第一，其中，新能源汽车市场占有率提升至25.6%，高于上年12.1个百分点，全球销量占比超过60%。新能源汽车配套环境也日益优化，截至2022年底，全国累计建成充电桩521万个、换电站1973座，其中，2022年新增充电桩259.3万个、换电站675座，充换电基础设施建设速度明显加快，累计建立动力电池回收服务网点超过1万个，基本实现就近回收。当前，我国新能源汽车产业主要集聚在珠三角、长三角、京津冀等地区。

珠三角地区已形成广州、深圳、佛山等新能源汽车核心集聚区，以及以东莞、惠州、肇庆等为代表的关键零部件及新材料配套项目集中区。

长三角地区已然形成以上海为总部、在苏浙皖设立制造基地的联动模式。

在京津冀地区，北京新能源汽车产业重点布局在北京经济技术开发区、顺义、昌平、大兴等地，天津新能源汽车产业重点布局在滨海新区、天津经济技术开发区、东丽区、西青区、宁河区等地，河北新能源汽车产业重点布局在保定、沧州等地。

（六）绿色环保产业

我国形成全链条的环保产业体系，涵盖污染治理和生态修复技术研发、装备制造、设计施工、运行维护等环节。2022年,全国环保产业营业收入达到2.22万亿元,成为绿色经济的重要力量。

环保领域上市公司数量增长迅速。据统计,A股上市环保公司数量由2012年的86家增长到2022年的190家,特别是,注册制改革启动以来,新增A股上市环保公司超60家。

我国环保技术工艺和装备水平不断提升,电除尘、袋式除尘、脱硫脱硝等烟气治理技术已达到国际先进水平;城镇污水和常规工业废水处理,已形成多种成熟稳定的成套工艺技术和装备;污水深度处理、VOCs治理、固废处理和资源化以及土壤修复领域技术装备水平快速提升;环境监测技术在自动化、成套化、智能化、立体化和支撑管理部门精准监管方面进步显著。

(七)民用航空产业

近年来,民航大力推动机场网、航线网建设,在京津冀、长三角、粤港澳大湾区和成渝等地区布局建设四大世界级机场群及各枢纽机场建设不断推进的同时,通过政策、资金等多方面支持中西部和支线机场建设,机场体系结构更加均衡。

2022年,历时8年建设的京广大通道实现全线贯通,形成了纵贯南北2 000多公里的空中大动脉,京津冀和粤港澳大湾区之间航路通行能力提升35%。

截至2023年3月,我国民航拥有运输飞机4 165架、通用航空器3 177架、跑道282条、航站楼1 800.6万平方米、机位7 328个、航油储备能力341万方,航信系统服务保障率99.99%,机场总容量达15亿人次。

(八)船舶与海洋工程装备产业

海洋工程装备和高技术船舶是海洋装备产业链的核心环节。2022年,我国造船完工量、新接订单量和手持订单量以载重吨计分别占全球总量的47.3%、55.2%和49.0%,以修正总吨计分别占43.5%、49.8%和42.8%,各项指标国际市场份额均保持世界第一;分别有6家造船企业进入全球造船完工量、新接订单量和手持订单量前10强;第二艘国产大型邮轮开工建造;自主设计建造的亚洲第一深水导管架平台"海基一号"平台主体工程海上安装完工;全球首艘10万吨级智慧渔业大型养殖工船"国信1号"命名交付;我国首艘、全球最大24000TEU(标箱)超大型集装箱船交付;我国首艘、全球最大液化天然气(LNG)运输加注船"海洋石油301"号完工交付等。

当前,我国初步形成长三角、环渤海、珠三角等三大造船基地的空间布局,涌现出一批具有较强国际竞争力的大型企业和专业化配套企业。

二、9 大未来产业发展目标

(一)元宇宙

开展元宇宙标准化路线图研究。加快研制元宇宙术语、分类、标识等基础通用标准,元宇宙身份体系、数字内容生成、跨域互操作、技术集成等关键技术标准,虚拟数字人、数字资产流转、数字内容确权、数据资产保护等服务标准,开展工业元宇宙、城市元宇宙、商业元宇宙、文娱元宇宙等应用标准研究,以及隐私保护、内容监管、数据安全等标准预研。

(二)脑机接口

开展脑机接口标准化路线图研究。加快研制脑机接口术语、参考架构等基础共性标准。

开展脑信息读取与写入等输入输出接口标准,数据格式、传输、存储、表示及预处理标准,脑信息编解码算法标准研究。

开展制造、医疗健康、教育、娱乐等行业应用以及安全伦理标准预研。

(三)量子信息

开展量子信息技术标准化路线图研究。

加快研制量子信息术语定义、功能模型、参考架构、基准测评等基础共性标准。

聚焦量子计算领域,研制量子计算处理器、量子编译器、量子计算机操作系统、量子云平台、量子人工智能、量子优化、量子仿真等标准。

聚焦量子通信领域,研制量子通信器件、系统、网络、协议、运维、服务、测试等标准。

聚焦量子测量领域，研制量子超高精度定位、量子导航和授时、量子高灵敏度探测与目标识别等标准。

（四）人形机器人

研制人形机器人术语、通用本体、整机结构、社会伦理等基础标准。

开展人形机器人专用结构零部件、驱动部件、机电系统零部件、控制器、高性能计算芯片及模组、能源供给组件等基础标准预研。

研制人形机器人感知系统、定位导航、人机交互、自主决策、集群控制等智能感知决策和控制标准。

开展人形机器人运动、操作、交互、智能能力分级分类与性能评估等系统评测标准预研。

开展机电系统、人机交互、数据隐私等安全标准预研。

面向工业、家庭服务、公共服务、特种作业等场景，开展人形机器人应用标准预研。

（五）生成式人工智能

围绕多模态和跨模态数据集，研制视频、图像、语言、语音等数据集和语料库的标注要求、质量评价、管理能力、开源共享、交易流通等基础标准。

围绕大模型关键技术领域，研制通用技术要求、能力评价指标、参考架构，以及训练、推理、部署、接口等技术标准。

围绕基于生成式人工智能（AIGC）的应用及服务，面向应用平台、数据接入、服务质量及应用可信等重点方向，研制 AIGC 模型能力、服务平台技术要求、应用生态框架、服务能力成熟度评估、生成内容评价等应用标准。在工业、医疗、金融、交通等重点行业开展 AIGC 产品及服务的风险管理、伦理符合等标准预研。

（六）生物制造

研制传感器等关键元器件、生物反应器等生产设备、生产技术规范等工艺标准。

优化完善生物制造食品、药品、精细化学品等应用领域的产品、检测和评价方法等标准。

（七）未来显示

开展量子点显示、全息显示、视网膜显示等先进技术标准预研。

研制 Micro-LED 显示、激光显示、印刷显示等关键技术标准，新一代显示材料、专用设备、工艺器件等关键产品标准，以及面向智慧城市、智能家居、智能终端等场景的应用标准。

（八）未来网络

开展 6G 基础理论、愿景需求、典型应用、关键能力等标准预研。

面向下一代互联网升级演进，构建"IPv6＋"技术标准体系，开展分段路由（SRv6）、应用感知网络（APN6）、随路检测（iFit）等核心技术标准研制。

面向产业数字化转型紧迫需求，加快确定性网络、数字孪生网络、算网融合/算力网络、自智网络、网络内生安全等关键网络技术标准研制。

面向海空天地一体化、高通量全息通信、海量人机物通信等新场景，开展新型网络体系结构、路由协议、智能管控等标准预研。

开展 Web 3.0 相关标准预研，研制术语、参考架构等基础类标准，跨链技术要求、分布式数字身份分发等技术类标准，以及面向数据资产交易、数字身份认证、数字藏品管理等场景的应用类标准。

（九）新型储能

聚焦锂离子电池领域，研制电池碳足迹、溯源管理等基础通用标准，正负极材料、保护器件等关键原材料及零部件标准以及回收利用标准。

面向钠离子电池、氢储能/氢燃料电池、固态电池等新型储能技术发展趋势，加快研究术语定义、运输安全等基础通用标准，便携式、小型动力、储能等电池产品标准。